エンドロールのその後に

ウイ

さえない僕らの
恋愛に
幸せな結末を

大和書房

プロローグ

吾輩は、お独り様である

さっきまでジャブジャブと洗濯機の中で回っていたシャツや靴下が、八月の強い日差しの中でゆらゆらと揺れている。部屋のスピーカーから流れる音楽に合わせてリズムを取っているようでかわいい。

天気予報は一日中晴れマークが並んでいる。あっという間に乾くだろう。

（似たような色ばっかりだな……）

白と黒、ネイビーとグレーばかりの洗濯物を眺めて（今年こそ違う色を買おうかな）と、どうせ実行しないことを考えながら冷蔵庫を開ける。

ビール、レモンサワー、牛乳、日本酒、水、炭酸水。独り身には大きすぎる冷蔵庫で行儀よく整列しているのは水分ばかりだけど、何とも思わない。それが十年以上続いている当たり前の光景だから。

きちんと午前中に起きて洗濯機を二回も回した自分へのささやかなお祝いに、発泡酒ではなくエビスビールを取り出す。

その日初めての水分を摂取しながら、コンビニの袋に入りっぱなしのカップラーメン用のお湯を沸かす。

料理はできる。その辺の女子よりもずっと味も見栄えも良い料理を手際よく作ることができる。でも、そのスキルは自分のためではなく家に遊びにやって来る友達や、趣味のアウトドアで楽しい時間を過ごすためのものだ。僕自身が僕のために料理を作ることはめったにない。

やかんの汚れが気になったので、冷めたら重曹で磨かなきゃと考えながら、残された日曜日の過ごし方を考える。

まだ時間はたっぷりあるし、シーツもカーテンも洗濯して、くたびれた革靴を磨こう。先週使ったキャンプ用品にも土がついたままなので落とさなくちゃいけない。全部広いバルコニーでカラカラに乾くのをソファで読書でもしながら待とう。取り込む頃には夕方になっているだろうし、そしたらランニングでもして銭湯にも行きたい。帰りにアイスとビールを買ってこよう。

夕飯は宅配ピザでも取って、眠くなるまでネットフリックスで映画を見る。眠くならなければ朝まで起きていればいい。どうせ誰からも責められることはない。

そういえば、いいかげん春物のクリーニングの引き取りにも行って、部屋の隅で図々しく整列しているアマゾンの段ボールも開けなくちゃいけない。中に何が入っているのか買った本人でさえも曖昧だ。また必要じゃない物を買った証拠だ。

この部屋は本当に必要なものが揃っていない。いや、必要なものは揃っているんだろうけど、もしこの先、誰かと一緒に暮らすことになるのであればたくさんの物を捨てなければいけないし、それと同じくらい買い足さなくてはいけないものがある。

分かっていながらも物は増えていく一方だ。


カップラーメンをすすりながらカバンから読みかけの小説を取り出す。

物語は終盤を迎えていた。もう少しで終わっちゃうな、という寂しさを感じながらもエンディングに向けてページを大切にめくる。

きっと1時間もあれば本の中の物語は終わってしまうだろう。何日もかけて読んだ本だし、できればハッピーエンドで終わってほしいけど、後味の悪いエンディングも嫌いではない。

好きな作家がインタビューで「終わり方を決めて物語を書いたことはありません。どんなエンディングにするのかは書き進めながら考えます。だから、書いてる途中でエンディングはころころ変わります」ということを言っていたのを思い出す。

今の僕の生活はハッピーエンドに向かってるんだろうか。

この夏38歳になった。数字だけ見れば立派なおっさんだ。

気持ちはいつまでも20代のつもりでいるし、老いに抗うように筋トレやランニングをしているが、体型、肌、体力、そして感覚。全てが緩やかに、でも確実におっさんになっていることを感じる。

20代の僕は38歳にはとっくに結婚していると信じていた。多くの同級生はとっくに結婚しているし、大きいところだと中学生の子供もいるらしい。そういった生活がハッピーエンドと呼ばれているのであれば、僕は大きく後れを取っていることになる。

普通に仕事して普通に生きていれば普通に結婚できると思っていた。どうやらそんな時代はとっくの昔に終わっていたようだ。物音一つ立てず、誰にも気付かれないように。そのことを誰も教えてくれなかった。

たくさん友人の結婚式に行ったけど、たくさん離婚の報告も受けた。もう何が正解なのか分からない。

僕たちは正解が何なのか分からない時代を生きている。一番の問題は誰も正解を知らない時代を生きたことが無いということだ。全員で迷子になっているんだ。

ただ確かなことは、僕は今の生活に満足している、ということだ。

結婚には大きく出遅れてしまったが、後悔なんかしていない。毎日楽しく暮らすことができている。

特に30歳を過ぎてから独りで生きることが楽しくなった。楽しい楽しいと思っていたらこんな歳になっていた。

独身生活はその楽しさから抜け出せなくなると聞くが、その通りだと思う。

晩婚化、少子高齢化、そして上がり続ける生涯未婚率。国はこれらの数字をなんとかしたかったら教育に組み込むべきなんだ。

「みなさん、今日はみなさんの将来に大きく関係する大事な授業をします。みなさんの中にはこれから大学生になったり就職したりするタイミングで一人暮らしをする人も出てくると思います。いいですか、一人暮らしには恐ろしい中毒性があります。特に独身のまま迎える30代は危険です。30歳なんかずいぶん先だと感じますか？　そう感じるのはしょうがないのかもしれませんね。少し難しい話になりますが、19世紀のフランスの哲学者がジャネーの法則というものを発案しました。簡単に言うと『大人になるほど時間の経過が早く感じる』という法則なのですが、これは事実です。進級して、進学して、就職して、大人になるにつれて一週間、一ヵ月、一年の過ぎるスピードは速くなり、あっという間に30歳は来ます。その後もスピードは容赦なく上がり続け、みなさんはあっという間に40歳、50歳になるのです。みなさん笑っていますが、笑えない事実ですからね。そんな矢のようなスピードで過ぎる毎日の中、自由に暮らす。何時に帰ろうと、何を食べようと、誰と寝ようと、全ての生活の決定権が自分にある生活は楽しいですが、あっという間に時間は過ぎて、手遅れになりますからね。長く続けるほど抜けられなくなり、最後は手遅れになるのは麻薬とかと一緒ですね。いいですか、みなさん、20代になって、恋人ができたら、その人を愛し、育み、結婚しましょうね。この人でいいのか？　もっといい人がいるんじゃないか？　という疑問を持ってはいけませんよ。20代で一緒になれた人が運命の人なのです」

そんな教育をするべきなんだ。

僕は、今じゃない、この人じゃないという理由で結婚から逃げて生きてきた。でも、何度考えても自分の選択にはこれっぽっちの後悔も無い。

後悔が無いからこそ、これから進むべき道が分からない。誰か

ふと、猛烈な雨音で目を覚ました。バルコニーで乾いていたはずの洗濯物がずぶ濡れになっていた。今年何度目かのゲリラ豪雨に打たれながら、何もかも予定通りにいかなかったことに肩を落とし、手遅れになった洗濯物を取り込む。


「教えてくれよ、正解を」

夢の続きの言葉が口からこぼれた。

34のノンフィクションの物語
そこから僕たちは何を学べるのか

世界は自分を中心に回っていない。僕たちは大人になり、仕事の挫折や絶望的な失恋や単調な日々の中でそのことに気付き、ゆっくりと受け入れました。

山積みの仕事、ＬＩＮＥの返信、歯医者の予約、友達の結婚式、終わらないダイエット、割れたままのスマホの画面。雨が降る度に季節が変わるようなスピードで時間は過ぎ、いつしか世界の中心のことなんか考えなくなる。そんな生活、そんな人間が、世界の中心であるはずがない。中心であってはいけない。でもそれが人生。身の丈にあった、手の届く範囲の幸せで上出来。きっとみんなも同じような人生を送っている。

そう折り合いをつけたはずなのに、心の中にはいつもぽっかりと空洞があって、その穴を満たすのは自分なのか他人なのかも知らず、色々なものを引きずり回しながら、昨日となんらかわらぬ今日を、去年となんらかわらぬ今年を黙々とやり過ごすことで精一杯。それが僕たちの生活だと思うのです。

でも、僕たちの生活は本当に地味で退屈なものに埋め尽くされているのでしょうか。果たして、本当にそうなのでしょうか。

僕がなぜそんなことを考えているのか。それは、世の中には美しいストーリーがあふれているからです。失恋、不倫、片想い、結婚。職業柄、僕のところにはたくさんの方から恋愛の相談が届きます。中には相談というよりもまるで独り言のようなぼやきだったり、のろけだったりするものもあるのですが、その中に心を揺さぶられる美しいストーリーが山ほどあるのです。本人はどうってことないぜ、どこにでもあるような話ですよって思っている体験が、他人の僕から見れば時には美しく、時には残酷で、時には狂気的で、時にはノスタルジックな物語なのです。

朝の品川駅や終電後の新宿ですれ違う人たち、表参道を涼しい顔して歩く人、山手線に揺られる疲れたサラリーマン、いつものスーパーの店員さん、休日のショッピングモールのフードコートで子供にうどんを食べさせるお父さん。そんなどこにでもいる僕たちはそれぞれ、必ず美しいストーリーを隠し持っているのです。

本書は、そんな「どこにでもいる僕たち」が実際に体験した34のエピソードと、そこから得られる教訓で構成されています。台本もカメラもない場所で繰り広げられた、ノンフィクションの恋愛劇から僕たちは何を知り、何を得られるのでしょうか。きっと生きた体験だからこそ、リアルな学びを得られるはずです。

普段、誰にも見つからない場所に大事にしまわれている物語。たまに思い出しては、そっと箱から取り出し、眺めたり、匂いを嗅いでみたり、恐る恐る味わってみては、また大事にしまい込まれる物語。きっと誰もが経験したことがあり、経験する可能性のある、ありふれた生活に潜む物語。

どうかお楽しみください。

エンドロールの
その後に
CONTENTS

第2章 男と女が出会うとき

第3章 距離を縮める

第6章

「ふつう」と

折り合いを

つける

第7章

それでも

新しい恋愛を

第１章
恋愛を始める前に

「さて、結婚でもするか」で簡単にできないのが結婚。「さて、恋人でもつくるか」で簡単にできないのが恋人。すごく身近にあるはずの恋愛ですが、いざ始めようとするとなかなかうまく始められない人が大勢います。そんな人たちはどんな環境で、どんなことを考え、どんな問題を抱え、どんな結論を出そうとしているのでしょうか。きっと同じように「恋愛したくてもできない」と悩む人が、そこから抜け出すためのヒントが隠されているはずです。

わたしは、
田中みな実に、なりたい

戦争が、続いています。

誰も血を流さない、冷たい戦争が、もう十年も続いています。

私たちは、和解できない。私たちとは独身女性であり、和解できない戦争相手は同年代の独身男性たちです。

社会人になった22歳の頃、同年代の男性は全然お金を持っていなくて、仕事もできなくて、話もつまらなくて、何よりも、おぼこかった。

中学時代も、高校時代も、大学時代も、いつだって同年代の男はおぼこかった。

よく言いますよね？　精神年齢では男は永遠に女には勝てないって。大人になっても私たちの精神年齢の差は埋まらず、当然のように私は年上の男性に夢中になりました。

年上の男性たちは私を、それはそれはかわいがってくれました。六本木、西麻布、代官山、神楽坂。学生時代は知らなかった大人の街の一員にしてくれました。

私はいつも小さなカバンに、最低限の化粧品、スマホ、ほとんど現金が入っていない財布、それにアトマイザーに小分けにした香水だけを入れ、ヒールを履いて出かけていきました。

年上の彼らは仕事もできて、知識もあって、若さしか取り柄のなかった私を欲してくれました。そして、彼らが提供してくれるモノやサービスを知れば知るほど、同年代の男性はより幼く見えてしまいました。

年上の男性には彼女がいたり結婚していたりもしたけど、それは大きな問題ではありませんでした。

だって、若い私には時間は山ほどあったし、私の何倍もお金を稼ぎ、私の何倍も経験も知識もある男性が欲してくれている。それだけで充分だったんです。

私は、自分の若さとこの楽しい日々はしばらく続くと信じていましたが、時間はあっという間に過ぎていきました。

駆け抜けるようなスピードで季節は変わっていき、毎年律義に誕生日が来て、どんどん後輩が増えていき、寿退社する同期がいて、いつのまにかアラサーと呼ばれる領域に押し込められたと思ったら元号は平成から令和に変わり、私は32歳になっていました。当然のように私をかわいがってくれた年上の男性たちはみんな40代や、50代になっていました。

そして彼らは今、「かつての私」を追いかけています。20代の、若さしか取り柄のない女です。

毎週真っ黒だった私のスケジュール帳は、歳を重ねるごとに余白が目立つようになりました。カバンも大きくなり、財布に入れる現金も増えました。

同級生のフェイスブックやLINEのアイコンはウエディングドレスから赤ちゃんに変わっていきます。それを尻目に、私はわずかなフォロワーしか見ていないインスタに、今日も「精一杯」を投稿する日々。

ふと周囲を見ると、あんなにおぼこかった同年代の男性はみんな私と同じ30代になり、大人の男になっているではありませんか。バリバリ仕事をこなし、役職を持ち、お金も稼いでいる。

そして、彼らも若さしか取り柄のない若い女を追いかけている。

私は、和解したい。

同年代の独身男性との、この冷たい戦争を終わらせたい。

ごめんねって。あのとき、LINE無視してごめんねって。デートで退屈そうにしてごめんねって。

戦争をしかけたのは私。それなら、この十年戦争を終わらせるのも私しかいない。


二〇二〇年。使い道のないため込んだ預金は、自分のために使います。

パーソナルジムに行き、この十年で増えた5キロ分の脂肪を落とし、33歳までには20代の女子にも、重力にも負けぬ身体を手に入れます。スキンケアもメイクも全て見直しましょう。肌にも、髪の毛にも、いつもひたひたの潤いを。

きちんと振り向いてもらえるように。和解、できるように。


わたしは、田中みな実に、なりたい。

33歳で、あざとくて、男性にも女性にも愛される、田中みな実になりたい。

Ui's comment

まずは「年齢」から解放される必要がある

男が言う「若い子がいい」っていう言葉には2種類あります。

一つ目は「年齢的な若さ」です。いわゆる「おぼこさ」です。「おぼこさ」とは「未経験の多さ」とイコールになります。行ったことのない場所、受けたことがないサービスなど、その人の「はじめて」をプレゼントすることに夢中になる男がいるのです。もうここは放っておいていいんですよ。

二つ目は年齢以外の「精神的な若さ」のことをいいます。**「若い人」っていうのは年齢が上がる度にちゃんと軸足を移せる人**なんです。

年齢的な若さに執着して20代に対抗する40代は、まるで生花に対抗するドライフラワーのようでしんどい。もちろん、肌や髪の毛のハリや下腹のぜい肉や体臭やわき汗とは格闘すべきです。でもそれは「若い子に対抗する」ためではなく「自分が若くいるため」なんですよ。

30代は30代の、40代は40代の恋愛をちゃんとできる人。いくつになっても自分の好きなことに取り組んで、無邪気に笑ったりできる人。経験値や包容力を武器にできる人。

そういった生き方をしている人は年齢のことなんか考えません。それが年齢から解放されていつまでも若く生きるということだと思います。

全ての男に、告ぐ

おい。

おい、男。

そこの、男。ちょっといいか。集合。

アホな顔して一所懸命スマホのゲームやってる、ＬＩＮＥのアイコンがラーメンとか車の、お前らのことだよ。

仕事に趣味にゲームに忙しいところ、たいへん申し訳ないんだけど、今日は大事な話があるんだ。とにかく今日は黙って聞いてほしい。

お前らが女性からの「大事な話があるの」を何よりも恐れていることは知っている。全力で平静を装い、さてどうやって今からの話し合いを切り抜けようか必死で考えているんだろ。あと「長文ＬＩＮＥ」も怖いよな。それも知っている。

そんなことは分かっている。でも今日は、今だけは、私の話を黙って聞くんだ。かなり厳しい話もするが、私の本音を聞いておけ。

まず、LINEのアイコンをラーメンとか車とかバイクにすんな。ラーメンと話をしたい女、いない。キメキメの自撮りもやめろ。スーツ姿で顔が見切れているやつとかも正直しんどいわ。

あるだろ、何か、趣味の場とか飲み会とかで友達に撮られていた写真が。自然な表情のやつ。そういうやつにしとけ。無いんか。お前、友達おらんのか。まあいい。

これから話すことは、アイコンなんかよりもずっと大事な話だ。


お前ら男は、名前をつけたがらない。人間関係の名前だ。

たとえば付き合う前にセックスした女性との関係だ。ハッキリとセフレになりたいとは言わない。なんか仕事やらお金やら清算しないといけないことがあるとかないとかそれっぽくモゴモゴ言っては逃げていく。逃げたと思ったら「ひさしぶりー！　元気?!　ご飯でも行こうよ!!」の連絡。しかも、決まって週末か連休前だ。

どんなテンションなんだよ。鼻息荒く連絡してくる前に、名づけよ。モゴモゴせず、私たちの関係の名は、なんだ。関係に名をつけよ。

あとわけのわからん女友達もいるだろ。お前、あの子とセックスしたことあんだろ。それを双方無かったことにしているのか、お前だけ無かったことにされてるのか知らんけど、ワンチャンあればいこうと思ってんだろ。セックスしたことなくても、いつかワンチャンあればいこうと思ってるんだろ。心の奥底に、友情以外の感情を隠し持ってるんだろ。

いいよな。私には友達と言っておけばいいんだから。そこを追及すればするほどこっちが惨めになんの分かってんだから。

お前らは一週間で人が変わる。セックスの後だ。

何が「セックスの前より後のほうが俺はやさしい」だ。みんなそんなもんだ。本人が目の前にいるんだからな。大事なのは、バイバイした後の連絡頻度だ。なんだ？　なんで人が変わったように連絡が減る？　寄生獣にでも乗っ取られたか？　なんでセックスした後にもれなく仕事が忙しくなって会えなくなる？　私は商売繁盛の神様か。

付き合っても人が変わるよな。釣った魚にエサをやらんって、なんなん。あの態度変わるの、なんとかならんの？　女と付き合う前は一回抜いて、賢者モードで考えろって、おじいちゃんかお父さんに教えてもらわなかったの？

お前らは公表したがらない。付き合っていることを会社の同僚や、友達や、家族に。私とお前は秘密結社か。公表しない理由を問えばこれまたモゴモゴ言う。モゴモゴの実の能力者か。

タイム。ここでタイム。ちょっとタイム。

そっちの40代、50代の男。

さっきから「若い男ってそうだよね〜」みたいな顔してるけど、お前らの言う「俺は20代よりも30代の女性のほうが好きだな。大人だし。俺らは若い子を癒してあげたいカナ」って、なんなん？　なんで上から目線なん？「俺ら大人の男は寛大ですよ」みたいな空気出してるけど、それ、めちゃくちゃ上から目線だからな。

ちゃんと年相応の経験値と知識とコミュニケーション能力を身につけてきたんか？ツイッターで若い子にしょうもないリプライを送んな。自分より年上の大人の幼稚な姿見るの、しんどいわ。

もういい。全員並べ。

お前ら、気軽に経験人数とか初体験とか聞いてくるよな。あれ、なんだ？　目的は、なんだ？　勝手に聞いてきて、正直に答えれば勝手に落ち込んだりしやがって。女は全員聖母じゃねぇぞ。

全員、目をつむれ。

性欲無いアピールしたことある奴、正直に手を挙げろ。

はい、全員だな。

謎の「俺、性欲無いんだよね〜」アピール。「性欲無いし、風俗にも興味無いし、AVも観ない」みたいなアピール、したことあるよな。

目的はなんだ？　ちっぽけな誠実さを見せたいんだろうな。するな。しょうもない。「俺は性欲の無い無害な男ですよ」という謎のアピールでときめく女はいない。

あとな、お前ら全員AV観過ぎなんだよ。学生の頃、教科書よりAV観ている時間のほうが長かっただろ。お前らのセックス、あれもこれも全然だめ。強けりゃいいってもんじゃないの。長けりゃいいってもんじゃないの。しみけんのセックスハウツー動画百万回観て勉強してこい。

あとさ、さっきから「はい、ごめんなさい」しか言ってないけど、語彙力キャバクラにでも忘れてきたんか？

普段全然謝らんくせに、めんどくさくなると謝ってその場を終わらせようとする。反論し、そこから議論に発展するならまだまし。シュンとした顔して、泣き出すやつまでいる。急に鎖国すんな。親、泣いとんど。今のお前見て、田舎の親御さん、泣いとんど。


私たちはこんなにも違う生き物なのに、悲しいくらい互いを欲してしまうのです。

きっと、それは互いの足りない部分を補うためだと私は思います。

つまり、私たちは互いに不完全なのです。そんな不完全な者同士が一緒になり、幸せになるために必要なのは、互いのたゆまぬ努力と歩み寄りなのです。

なので、まずはその車とかラーメンのアイコンは今すぐ変えるように。ラーメンや車と話をしたい女は、いない。

以上、解散。

Ui's comment

男女は分かり合えない。だから恋愛はおもしろい

女性だってね、何かしらケンカになったとき「そういえばあのときもさ〜」「前から思ってたんだけどさ〜」ってずいぶん昔の不満を引っ張り出してくるでしょ。そんな昔のこと、僕らは覚えてない。なんか、あるんか？　心のデスノートみたいなやつ。

あと、人とのLINEのやりとりスクショして女友達に共有してるだろ。時には自分の都合のいいようにきれいにトリミングしたりして。

こうやって、男も女も殴り合いですよ。はるか昔、人類が誕生したときから続く、絶対に終わらない世界一長い戦争。男と女は本質的な部分では一切分かり合えないようになっているんです。

でも、そんな絶対に分かり合えない男と女が集まり、荒れた戦場の中から心穏やかに過ごせる人と出会い、価値観をすり合わせ、好意を抱き、互いを思いやり、一生の愛を誓ったりするから独身男女の殴り合いはおもしろいんだと思います。それに、**分かり合える相手が大勢いる中から恋人を探すより、分かり合えない相手がたくさんいる中から見つけるから大切にできる**んでしょうね。

みんな荒れ果てた戦場に咲く一輪の花を見つけるために今日も元気に戦争だ。

以上、解散。

気分爽快だよ

「実は、この度、結婚をすることになりました。相手はあなたの元カレです。付き合って一年半です。ずっと、ずっと報告できませんでした。ごめんなさい」

突然だったし、情報量が多くて、理解するのに少し時間が必要だったけど、私は心の底から「おめでとう」っていう気持ちが湧き上がってきたよ。

親友の結婚。本当に、本当に心の底からうれしかった。でも、その報告は、きっとものすごくしにくかったよね。なぜなら、私が独身だから。

中学で出会った私たちはいつも六人のグループでいて、一緒にディズニーランドに行ったり、韓国旅行に行ったりして楽しく過ごしていた。18歳で東京に行く子がいたり、20代の後半くらいから一人、また一人と、結婚して、出産して、それでも関係が途切れることはなかったけど、どうしても疎遠になってしまった。

そんな中、私たち二人だけは34歳になっても独身のままで、いつも一緒にいて、お

互いキャンプという大人の趣味にはまって、二人で一緒に色んな山に行っては、

「私たち結婚できるのかな」

「できなかったらお互い面倒見ようね」

とか、冗談言い合ったりしちゃってた。

そんな二人だけ残ってしまった独身仲間だからこそ、本当に報告しにくかったと思う。だからこそわざわざキャンプに誘ってくれて、二人きりで、大好きな山の中で、焚き火の前でなら打ち明けられると思ったんだよね。


あの日、いつも賑やかなあなたは朝から少し元気が無かった。

いつもなら私の倍のスピードでお酒を空にしていくのに、缶ビールを舐めるように飲んでいるあなたを見て、どうしたのかなって心配してたんだよ。

「おめでとう。ごめんね、報告しにくかったんだよね。元カレなんかノーカンだよ。私、元カレって呼べる男性、二人しかいなくて、四年前に別れた彼氏は去年結婚したし、そしたら高校の頃に付き合っていた彼氏だよね。いいんだよ、高校生のときの恋人なんか。十五年以上経ってるんだよ。それに、こんな小さい町じゃ珍しいことじゃない

よ。気を遣い過ぎだよ。遣わせてしまったのはきっと私だけど。付き合って一年半、ずっと言えずにいたんだよね。ごめんね、気を遣わせてごめんね」

私は途中からうれしいやら申し訳ないやらで泣きながら笑ってしまって、でも、その様子を見たあなたも泣き笑いで、二人してごめんね、ごめんねって謝ってた。

あの後、お酒足りなかったよね。いつも余るほど買って行くのに、寒かったのもあったけど、私は飲んでも飲んでもなかなか酔えなくて、あなたも同じようなことを言ってた。

途中から森高千里の歌みたいだねって。私たち微妙に森高世代ではないんだけど、スマホで何度も再生して、ずっと泣き笑いしながら乾杯して、雑に寝て、翌朝は起きるのがしんどかった。

本当は、ちょっぴり、ほんの一瞬、ショックでもあったけど、私は森高千里みたいに気分爽快だった。

今度は私が報告できるようにするし、きっと報告の場はキャンプ場を選ぶと思うから、そのときは飲みきれないほどのお酒を買って乾杯しようね。

Ui's comment

共闘できない女友達は、婚活では時々やっかいな存在になる

僕には今でも付き合いがある学生時代の友人が一人もいないので、うらやましいです。大人になってからできる友達は最高に楽しいけど、学生時代からの友達って今から新しく作れないから大切にしたいですよね。

ところで男も女も**同性の友達ばかりと一緒にいると異性に対する戦闘能力が伸びない**んですよね。楽な格好でいいし、気も張らなくていいし、居心地も最高だから。「婚活に友達はいらない」と言われるのは、このようなぬるま湯に浸からないようにするためです。

恋愛においては、親友枠とは別に「ペラッペラの友達」がいればベストです。自分とはキャラも外見も好きな異性のタイプも異なり、コンパのときにしか顔を合わせない関係。仮に同じ男性を好きになったら一切の遠慮をせず取り合いができる割り切った友達です。友達というか正確には「知り合い」ですね。

ところで高校時代の元カレ、ノーカンなら独身の男友達とかいませんかね。誰か紹介してもらって、四人でキャンプとか楽しいと思うんですけど、大きなお世話ですかね。ところで森高千里って全然おばさんにならないですよね。これも大きなお世話ですかね。

いつも心に
ブリトニーを

タクシー乗り場には行列ができていました。暖冬の後の三月とはいえ、ずいぶんと冷えました。震えながら20分ほど並び、ようやくタクシーに滑り込みます。向かった先は寝床ではなく代々木のバー。終電を逃すまで友達と飲んだのに、その日はちょっと飲み足りなくて、代々木の路地にある、友達夫婦が営んでいるバーに寄ったのです。

飲み足りない、というのは口実で、本当の理由は、教えを乞うためです。いつだって僕のような牧歌的な独身生活を送る男に、的確かつ無遠慮なアドバイスをくれるのは既婚の年下女性なのです。

「もう無理じゃない？　婚活して『婚活している私』という事実に安心しちゃう女性っているけど、一緒じゃん。早く切り替えなよ。結婚しない宣言しなよ。独身のまま、一生若い女の子を追い続けるステージに行きなよ。リリー・フランキー目指しなよ。

そしたら世界広がるよ。自由だよ。誰とデートしようが何の責任も未来も背負わなくていいんだから。そんな楽しい人生、私だって送ってみたかったよ。どうしても一回結婚したいなら『ノリ』でしなよ。ブリトニー・スピアーズみたいに。知ってる？ブリトニーはデートした相手に『ベイビー、なんかワイルドなことしようぜ』とか言われて、そのままドライブスルーウエディングで結婚したんだよ。二日で離婚したけど。なんか、そんなノリで結婚してもなんだかんだ大事にできると思うんだよね。『これもご縁だぜ。病めるときも健やかなるときもラビューだぜ』とか言いそうじゃん」

すごく的確なお話をいただきました。ありがとうございました。

そんな「結婚しなくてもいいじゃん」「いや、したい」みたいな話をしていたら、隣で飲んでいた女性二人組も話に交ざってきたんです。バーの常連さんらしいです。共に30歳。一人は既婚。もう一人は独身。

「いかに結婚というシステムが機能不全を起こしているか」という、まるで国を相手取るような話をして盛り上がったんですけど、独身のほうの女性が「それだったら私とノリで付き合いませんか」っていう提案を僕にしてきたのです。

言わずもがな、僕の答えは「ＹＥＳ」じゃないですか。「ＹＥＳ」以外ありえないじゃないですか。そこで「NO」って言うのは男っていうか、漢じゃないですよね。

でも、欠ける。足りない。充分じゃない。

代々木のバーで偶然知り合ったから付き合いましょうっていうのは「ノリ」が足りないのです。「足りない。もっと、運命めいたものがほしい」僕は要求をします。

そしたら既婚の女性が笑いながら「私たち、実はタクシー乗り場から一緒でしたよ」って言うんですよ。

ウソかと思っていたら「音楽聴きながら寒い寒い言ってましたよね？　私たち『コートも着てないし。当たり前じゃん。この人コート持ってないのかな』って話してましたし、お店に入ったときに、さっきの薄着の人いる！　ってびっくりしたんです」と続けます。

確かに僕は音楽を聴きながら一人で寒い寒い言っていたんです。そして、彼女たちは僕がバーに入った数分後に来店したのです。そう、まるで後ろをつけられていたようなタイミングです。

すごくないですか？　ここまで。めちゃくちゃすごくないですか？

大都会東京で一日のうち何人が終電逃して、そのうち何人がタクシーに乗って、代々木に向かってバーに入るかなんて分かりませんが、奇跡と言っても差し支えない確率じゃないですか。

その事実にめちゃくちゃ盛り上がってしまいましたが「いやいや、待て待て」と。僕は「別にタクシー乗り場から一緒だったから人生も一緒にしましたって、そりゃないぜ。確かにさっきよりはブリトニーに近づいた。でも、もうちょっとほしい」と要求しました。

そりゃそうですよね。合コンだって奇跡的な確率の出会いなわけですから。

考えた結果、じゃんけんしました。

五回、あいこが続いたらお付き合いしましょう。

本気です。冗談で言ってるんじゃない。覆しはなし。真剣交際待ったなし。この時点で僕は彼女の年齢と名前しか知りません。

充分じゃないですか。タクシー乗り場で一緒になり、同じ店に入った。じゃんけんして五回あいこが続いた。それ以外に何が必要でしょうか。これを運命といわず、何というんでしょうか。

じゃんけん、ぽん。
あいこ。
盛り上がる会場。
あいこで、しょ。
あいこ。
上がる心拍数。
あいこで、しょ。
あいこ。
吹き出るわき汗。

あいこで、しょ！

あいこ。

四回も続いてしまった。

もう、誰もこの流れを止められない。
ママやパパや大統領だって、止められないぜ。
今、確かにロマンスの神が見えた。
広瀬香美と似ていた。

ラスト一回。

あいこで、しょ！

勝利。

勝っちゃった。僕が勝ちゃったんですよ。盛り下がる会場。

「いやー、おしかったですよね」

そんな話をして、もう3時だったし解散したんですけど、あのとき、五回目のじゃんけんの瞬間、僕は本当に本当に本当に（あいこになれ！）って思ったんですよ。

勝ったときは「安心」ではなく「残念」を感じました。本当に、本当に、心の底からそう感じました。

いいじゃないか、もう充分じゃないか。恋人とのなれそめですか？　これ、実話なんですけど、代々木のバーでじゃんけんして五回あいこになったんです。それだけです。桜が咲く季節。コロナウイルスが蔓延する直前の東京で、会えたんですよ。

そんなんステキじゃないかって、心の底から思えたんです。

あの瞬間、心から「あいこ」を欲したのが、できごととしておいしいからなのか、僕の深層心理からの（もう一人は嫌だ）っていう訴えなのか、それは今でも分かりませんが。ノリで付き合う、そんなのもアリだよね、という新境地に僕はたどり着きました。

悪くない。

ぜんぜんあり。

いつも、心にブリトニーを。

最後に、既婚の方の女性から

「連絡先交換したら？　じゃんけんは残念だったけど、ステキなご縁じゃないですか」

という提案を受けたんですけど、

「今ここで連絡先を交換して二人でデートしても、今日この瞬間を超えることは無いでしょう。またここで会って、二人がじゃんけんしたくなったら、そのときはよろしくお願いします。では。おやすみなさい」

と言って去ったら、いつも助言をくれるバー経営者から

「おーーーい。そういうところなんだよ、おっさん。おやすみー」って連絡きました。

独身を謳歌する人に必要なのは「ノリ」かもしれない

Ui's comment

それに僕たちは「ノリ」で選んだ選択肢を大事にできるようになっているのです。「これでよかったんだ」と肯定する材料を必死に探してそこに納得性を見出せるようになっていますから。そういうふうにできてますから。

そしてそんな行為が「いい歳なんだから次の恋愛は絶対に失敗できない」とか「もう恋愛で傷ついたり恥をかくのは絶対に嫌なんだ」とか「本当にこの人でいいんだろうか、明日、運命的な出会いがあったりしないだろうか」とか、そんな雑念を吹き飛ばすんだと思います。

いつも、心にブリトニーを。

独身を楽しむ男女ってずっと夢を見ているんですよね。「この人と結ばれるために生きてきたんだ」と思えるような人と運命的に出会うことを。では、その出会いを探すために必死に婚活しているか？　と問われるとモゴモゴしてしまうわけです。当然、そんな状態では運命的な出会いなんてものはそうそうないわけで、そもそも運命的に出会った人が運命の人だなんて保証もないわけです。

そんな**独身たちに必要なのは、清水の舞台から飛び降りるような「決意」ではなく、バンジージャンプを飛んじゃうような「ノリ」**です。

20点の女

私、たぶん20点くらいなんです。世の中の女の子ってかわいいなー、あの人たちに比べると私はブスだよなーっていう自覚は学生時代からありました。

それでも70点は無いにしても60点くらいはあるよねーって思ってたんです。平均よりはわずかに上にいるよねって。でも、たぶん70点なんか夢のまた夢。実際、20点くらいなんだと思います。顔とスタイルの話です。

二十七年生きてきて、過去に付き合った恋人は一人。大学2年生の時にわずか四ヵ月で別れた同じサークルの人。はじめてキスとかセックスをした相手です。

私が悪かったのか、私は悪くないのかよく分からないのですが、えらく冷たい男でした。愛情表現をされた記憶はなく、付き合っていることを周囲にばれないようにしていたし、別れてからも付き合っていたことを公言しない約束をさせられました。

22歳。就職で四国の田舎から上京してから、私は東京のレベルの高さに驚きます。

東京の女の子、すごい。みんなかわいい。なんでこんなにかわいい子が普通の会社の事務をしているんだろう。さっきすれ違った人も私が知らないだけで有名なアイドルかもしれないし、きっとカウンターで飲んでいるあの人はこれまた私が知らないだけで有名なモデルさんかもしれない。

東京の街で目に入る女性はみな美しく、髪の毛の艶、細い脚、身につけているアクセサリー、洋服や鞄。その美しさとセンスの良さにクラクラしてしまいます。

そして、そんな光景を見て、私は自分が思っているよりも周囲のレベルは高く、自分は平均以下。40点くらいしかないいんじゃないかと考えるようになりました。

でも、きっとそれは上京したばかりだから。東京の水を飲んで、東京の部屋で暮らし、東京で仕事をして、東京の人と友達になれば洗練されていき、毎年10点くらいは自動的に加算されるものだと信じていました。

上京して五年。たくさんの東京の水を飲み、東京で生活をしましたが、五年前となんら変わらぬ私がいます。しっかり年齢だけは5歳増えました。

その間、恋人はおろか、一回もデートに誘われたこともありません。こんなに人がたくさんいるのに不思議でしょうがありません。

「出会いの数が足りないんだよ」友達にそう言われて必死にコンパに行き、マッチングアプリを始めました。

でも、コンパに行っても、連絡先を聞かれたとか、二次会の途中で消えたとか、そんな友人たちの会話を聞く度に、うらやむような、妬むような日々。

マッチングアプリに登録しても、あれ？　通知切ってたかな？　っていうくらいリアクションはありません。友人から紹介してもらった男性と食事に行っても、1時間くらいで解散するようなこともありました。

そんな日々の中、ああ、私はもしかしたら自分が思っているよりも人様から見た顔面の点数は低いのかもしれない、40点どころか20点くらいなのかもしれない、そう感じるようになりました。

実際、私は平均よりもずっとずっとずっと下なんだと思います。学生時代から太っていたし、高い洋服は似合わないし、性格も社交的とは言えません。

まだ27歳ですけど、このまま仕事と家の往復で30歳になり、35歳になり、40歳になり、その間私は大好きなゲームばかりをしている。友達はどんどん結婚して、子供を産み育てていく。

60点はあると信じていた私にとってそれは、受け入れ難い現実です。

でも、無理やりにでも受け入れるしかありません。そう思えたならきっと少しは楽になれるはずだから。

唯一誇れることは貯金が同年代の女性よりもずいぶん多いことと、匿名で登録しているツイッターのフォロワーが間もなく一万人になることです。

でも、本音を言うと、どうしてもやりきれないのは、10点や15点の女性に恋人がいたり結婚してるってことなんですよ。20点の私が孤独に生きることを受け入れようと努力しているのに、10点や15点が幸せになっているんです。

大学の頃の彼氏が去年、結婚したことをフェイスブックで知りました。しかも相手は私の大学時代の同級生です。彼女よりも絶対に私の方が点数は上なんです。なのに、世界一幸せです！　みたいなこと書いているんです。

私の思考が健全じゃないことは知っています。でも、どんなに貯金があって、フォロワーがいても、たった一人の男性にも好かれないんじゃむなしいだけです。

本当にやりきれない毎日です。私と同じような環境の人たちは、どうやって将来の不安とか恋愛とかに折り合いをつけているんですかね。

Ui's comment

自己評価の低さの弊害

自信が無い人の恋愛で一番怖いのは、ステキな出会いがあっても「あなたは本当は別の人がいいんだろうけど、妥協して私のところに来たんでしょ」という感情が生まれることなんです。さらに「私がフリーの人に相手にされるはずがない」と、付き合ってくれるなら相手に恋人がいようが不倫だろうがおかまいなしになるんです。

「どうせ私なんか」って免罪符なんです。無敵なんですよ。なんせ様々な責任から逃げてるんですから。**自信がない原因は、世の中でも、親でも、友人でも、元恋人のせいでもない。楽をしたい、逃げたいという弱い自分に原因がある**んですよ。

みんな自信なんか無いんです。勇気も、きっかけも、お金も、時間も、いつも何かが足りない中、ダサいこと言ったり、恥ずかしい思いをしながら恋愛してるんです。

自己評価を上げ、自信をつけるには、まずは何か一つ、自分で自分に「ＯＫ」を出せることを始めるんです。なかなか他人からはＯＫをもらえません。それなら自分でＯＫを出してあげるんです。何でもいいんです。募金とか、ゴミ拾いとか、早起きとか。本当に何でもいいんです。自分で与える自分への承認は、他人からおくられる承認の何倍も満たしてくれます。まずはそこからです。

第２章

男と女が出会うとき

なかなか恋人ができない人は口を揃えて「出会いが無い」と言います。一方で「出会いにはまったく困ってない」という人もいます。さらに「出会いはあるけど、どうでもいい人としか出会えない」や「運命的な出会いをしたい」という人もいますよね。この人たちの違いはいったい何なのでしょうか。なぜこんなに差が出るのでしょうか。その答えを探ってみると、「出会い」には人間の様々な期待や思惑や下心が交錯しているのが見えてきました。

失恋を連れて、東京へ

元恋人よ　私は旅立つ　東へと向かう新幹線で
華やいだ街で　あなたとの思い出　すぐに　すぐに　忘れるつもりだ
元恋人よ　あなたを忘れて　変わっていく私を　インスタで見ていて
毎日愉快にくらす街角　私は　私は　帰らない

四年半付き合った恋人でした。

ようやく前を向けるようになった今だから言えることですが、どんなにひいき目に見ても彼に結婚する気持ちが無いのは明白でした。

誕生日、付き合った記念日、クリスマス、ホワイトデー。私はいつもそんなイベントや記念日に、いつかプロポーズされると信じていました。

どうかしていたのかもしれませんが、十一月二十二日、いい夫婦の日まで「この日にデートの予定を入れるって、もしかして……」という期待をするようになっていました。

しかし、待てども暮らせども結婚のけの字も出ない日々。

毎年律義に誕生日はやってきて、20代はひっそりと終わり、私は意を決して結婚の話を自分から切り出しました。

「結婚は考えられない。あなたが悪いわけではない。でも、あと五年くらいは結婚はしたくない。ごめん」

「五年」って、なに。

「しばらく」でも「今すぐには」でもなく「五年」。

しかも「ごめん」って。その「五年」という数字と「ごめん」の行間に何があるのか分かりませんし、何もないのかもしれません。

でも、これも今だから言えることだと思いますが、お別れできてよかったと思います。おつかれさまでした私。そんな彼氏でもお別れしたときはしんどかったですよ。だって四年半も付き合ったんですから。

今でも「私がもっとしたたかだったら、かわいげがあったら、スタイルが良かったら、賢かったら、料理が得意で家庭的だったら、計算高く立ち回れたら、今とは違う人生だったのかな」という無数のタラレバに押しつぶされてしまいそうな夜があります。

毎晩泣いて、営業車の中で泣いて、会社のトイレで泣いて、その涙の源にあるのが、喪失感ではなく悔しさになったことを感じた翌日、私は異動願を出しました。

希望の異動先は、東京。

今の街にも愛着はあります。入社四年目で異動してきた街。来た頃は不安でいっぱいでしたけど、彼と出会えた街。

でも私は、恋愛をするために東京に行きます。30歳。ちょっと遅めの東京デビューです。

東京に行く理由の中には「彼と会いたくない」というのもありますよ。小さなこの街では恋人たちのデートの行き先は限られているし、いつかどこかで会ってしまう。

もしかしたらそのとき、彼は新しい恋人を連れているかもしれない。子供の手を引いているかもしれない。

やっと前を向き始めることができているのに、いつかそんなことで心に引っかき傷をつけられるのはごめんです。この小さい町には彼との思い出が多すぎるのです。それに私の実家は山梨なんです。親も歳だし、近くにいたほうがいいに決まっています。

でも、東京に行く一番の理由は婚活するためです。無事に異動願いは叶いそうですが、もしダメなら転職してでも東京に行くことを決めています。

いいじゃないですか。就職や進学のため東京に行く人がいるように、新しい恋愛をするために東京に行く人がいても。

華やいだ街、東京に行ける。きっとそこには新しい出会いが待っている。

今はその不確かな未来だけが私の希望です。

新しい恋を探しに住む街を変える、という名案

Ui's comment

いつの間にか当たり前の顔をして山手線に揺られ、朝の有楽町を、夜の新宿を、明け方の渋谷を歩いているでしょう。

そして、その頃にはすっかり失恋の傷は跡形もなく消えていると思います。僕はこの決断を、絶賛せずにはいられない。そして応援せずにはいられない。

絶対に出会えます。毎日愉快にくらす街角で。「結婚？　五年は無理かな」って四年以上付き合ったあなたに言ってのけた男よりやさしくて、結婚に前向きな男と。

東京都の人口約千四百万人。**恋愛するためには出会いが必要で、そのためにはもちろん分母が多いほうがいい**わけです。

出会える人を増やすため。マッチングアプリで同じ生活圏の人を増やすため。運命のような偶然の出会いを見つけるため。住み慣れた街を出るには充分すぎる理由だと思います。もちろん東京に行けば何もかもうまくいく保証なんかないけど、東京は誰も拒まず、全てを受け入れ、飲み込んだり、忘れさせたりしてくれます。

今よりも狭くなるであろう部屋になんかあっという間に慣れます。だんだん道に迷わなくなり、

ロマンスの神様、どうもありがとう

男運のない人生を送ってきました。

いえ、「運」という都合のいいものに寄り掛かるのはよしましょう。

私は、男を見る目が無い人生を送ってきたのです。私には、「いい男」というものがさっぱり見当がつかないのです。

歴代の彼氏と呼んできた者たちはみな、少々変わった愛情表現をしたり、歪んだ性癖の持ち主ばかりでした。

ハプニングバーやカップル喫茶と呼ばれる場所に行きたがる男、ゴムアレルギーだからコンドームを使えないと言う男、毎回必ず2時間の愛撫をする男もいました。

あれはあれで一つの愛情表現の形なんでしょうけど、2時間もすっぽんぽんだと身体は芯から冷えるのです。私はいつも（まだかなぁ……）と思っていましたが、早くしてくれと伝えると、じらしているつもりなのか、愛撫が自動延長されるシステムなので言えませんでした。

今考えれば、あれ？　あれは彼氏だったのかな？　私は一応元カレ認定しているけど……と思わざるを得ない男もいます。私は、そんな恋愛が終わる度にａｉｋｏの歌を聴いて泣き、深く反省はすれど、持ち前の立ち直りの速さで回復し、「次こそは大丈夫」という根拠なき自信がどこからともなく湧き、ａｉｋｏの歌に勇気をもらい、恋をして、同じような過ちを繰り返してしまうのです。

年齢を重ね、友人たちが幸せそうに恋愛をして、中には結婚する子も出てくる。それなのに、私は待ち合わせ場所の住所にラブホを指定するような彼氏と付き合っている。そんな現実を見て、さすがの私もすっかり自分の男を見る目に自信を無くし、恋愛に臆病になってしまいました。

しかし、人間はいつか報われるのです。

そんな恋愛を繰り返しながらも一所懸命生きる私を見かねて、神が動いたのです。正確には動いたのは私の友達ですけど、あれはきっと神のおぼし召しなのです。

私のダメな恋愛を知る信頼できる友達が、一人の男性を紹介してくれました。彼は私に本当の恋愛を教えてくれました。

まず、デートがありました。世の中の男女が当たり前のようにするデート。私は体験したことない、ちゃんとしたデート。駅とかで待ち合わせてお茶したり映画を観たりお酒をたしなんだりしながらお話をする行事。

楽しい。待ち合わせがラブホじゃない。幸せ。

付き合う前に男性が気軽に聞いてくるような過去の恋愛の質問もしてこない。話題の中心は趣味、仕事、家族、友達。そして、これまで大切にしてきたことや、これから大切にしていきたいもの。徐々に縮まっていく二人の距離。

そうか、世の中のカップルはみんなこうやって人を好きになっていくのか。正直私はこの時点で「こんなステキな人と出会えただけでありがたいことなんだ」と満足していました。もう充分すぎるくらい幸せ。

しかし、神はその程度で満足することを許しませんでした。二回目のデートの帰りに告白されたのです。告白って実現するんですね。ドラマとか、映画の世界だけだと思っていました。私は、彼の告白がまだ言い終わらぬうちにＯＫを出していました。

彼との日々はこれまでの人生において体験したことの無いものでした。空の青は彩度を増し、大地は潤い、森は茂り、小鳥たちは歌い出しました。

あくびはどっちかがしたらもう片方もうつります。100%うつります。

ご飯を食べるスピードが一緒なので「いただきます」と「ごちそうさま」まできれいに揃ってしまう。

揃いもそろって私たちは横着。家では手の届く範囲に二人分のスマホ、ゲーム、あらゆる家電のリモコンを置きます。

しょうもない茶番をどちらからともなく始める。すきあらば笑わせにくる。家事は苦手なくせに私の部屋ではお皿を率先して洗ってくれる。いつもありがとう。

ある日突然『好きなところ100』という本をくれた。開けたらタイトルの通り私の好きなところが100個書いてあった。泣いた。

コロナウイルスで会えない期間に私が時間を持て余していることを感じた彼は「ちょっと早いけど」って言いながら誕生日プレゼントをサプライズで送ってくれた。玄関で荷物を開けたらずっとほしかった「Nintendo Switch」が入っていた。私は玄関にフワッと座り込んだ。生まれて初めて自分の意思とは関係なく座り込んだ。その日、私は産まれたんだ。誕生日、今日でいいよ。もう、誕生日変えちゃうよ。

彼は神が遣わした人なんだ。もしかしたら彼自身が神様なのかもしれない。

まず、怒ることを知らない。怒らなくてもいいように常に話し合いの場を設けてくれる。常に「安心」を優先順位の上にもってきてくれる。

おはよう、おやすみ、ありがとう、たのしい、しあわせ、うれしい、かわいい、だいすき、そんな美しい四文字を惜しみなくくれる。

言葉がこんなにも人の心を温かくすると教えてくれた人。これまでの褒められたものではない私の恋愛をチャラに感じさせてくれる人。


ロマンスの神様どうもありがとう。

信頼する友人と、大好きな彼がくれたこの日々を、この宝物のような毎日を、当たり前と思わぬよう、病めるときも、健やかなるときも、喜びのときも、悲しみのときも、富めるときも、貧しいときも、彼を愛し、彼を敬い、彼を慰め、彼を助け、私の命が尽きるその日まで、たゆまぬ努力を重ねることを誓います。

Ui's comment

「友達からの紹介」の大正解

過去の恋愛と今の恋愛のコントラストが美しいですよね。最低を知る人間ほど、当たり前のような幸せを大事にできるんです。

この方の**勝因は、友人との信頼関係**ですね。友人からの紹介って、本当に信頼できる人を紹介してもらえるか、問題のある人を押し付けられるかのどっちかなんです。その差は信頼関係。この方は友人を大切にして、固い信頼関係を築いてこられたんでしょうね。もし神様がいるとしたら、そんな日々の行いを見ていたんでしょう。

そして素直さ。「男運」という曖昧なもののせいにせず、**自らの男を見る目の無さを素直に認め、信頼できる友達に素直に委ねた。**身構えてしまいがちな「友人からの紹介」をスンっと受け入れることができたのも、結局素直さと友達との信頼関係があるからなんですよね。

そして、幸せな日々に対して現在地を見失わぬように努力するという強い意思。僕の想像ですが、この背景には「紹介してくれた友人への感謝」もあると思うんです。

幸せなときほど人は鈍感になり、寄り添う二本の線のほんの少しの傾きに気付けなくなる。どうか宣言通り日々の努力を。最低を知る人間にはそれができるのです。

ロマンスの神様、てめえこのやろう

忘れもしない。六月二十六日。私の二十五回目の誕生日。いつもと変わらぬ平日。朝の埼京線。満員電車。そこで、痴漢にあいました。

絶対に気のせいじゃない。これは触られている。完全に触られている。

私、自分ではわりと気が強い性格だと思っています。学生時代は合唱で歌わない男子や掃除の時間に遊んでいる男子に率先して文句を言うキャラだったし、勤務先でのセクハラまがいな言葉も難なくヒラリとかわすことができますし、そもそもそんなこと私に対しては言わせません。

でも、そんな気が強いはずの私が、あのときはびっくりして声も出せませんでした。

駅に着いて、人の流れに乗り、いったん電車の外に出て、違う車両に乗り換える。これでOK。冷静に対処できた私、最高。しかし、また触られます。同じ人かどうか分かりませんが、後々警察で聞いた話では同じ人で間違いないとのこと。

怖くて、悔しくて、情けなくて、悲しくて、腹が立って、おまけに誕生日だし、アラサーの仲間入りだし、恋人は三年もいないし、そんな色んな感情がグチャグチャになってしまい、涙こそ流れませんでしたが、私は相当ひどい顔をしていたんだと思います。そこに現れたのが彼でした。

「どうしました？　体調悪いですか？　もしかして痴漢にあってますか？」

私の正面に立っていた彼はそんな文字をスマホに打って、画面を私に見せてきました。私は無言で頷くのが精一杯。「次で降りてください」続いて出された画面にも頷く私。

これも後から知ったのですが、彼はぎゅうぎゅうの車内で何とか私の横に身を移動させて痴漢の手を目視し、黙ってつかみ、声は上げず、次の駅で駅員さんに引き渡したそうです。私も見ていたはずの光景なんですけど、あまりにも突然のできごとに記憶は曖昧です。

駆け付けた警察官の中に女性がいたことはよく覚えています。当たり前のことなのかもしれませんが、日本の警察、そういう気配り最高かよって感動しました。

その後、長い事情聴取の間にようやく冷静になれたのですが、気が付いたとき、すでに彼はいませんでした。

私に名前も告げずに去った彼。警察官は彼の連絡先を知っているようでしたが、個人情報の兼ね合いなのか、私には教えてくれませんでした。

それから毎日、私はお礼を伝えるべく彼を捜しました。といっても朝の埼京線では、自分が乗った車両から見える範囲を捜すので精一杯。それでも毎日、行きと帰りの電車で彼を捜しました。

半年が経過し、季節はすっかり冬になり、私は彼のことを捜すのを半ば諦めていた時です。ようやく彼を見つけました。

あの日と同じくらい混んでいる満員電車。私が立っている場所から4～5メートルくらい向こう。

正直、彼の顔を鮮明に覚えていたわけではありません。時間もずいぶん経ってしまったし、あの日は本当に動揺していて、確かこんな人だった、という特徴をなんとなく覚えているだけです。

でも、一目見て分かったんです。自信があったんです。やたら太い首、短く刈られた髪の毛、少し色黒の肌、顔のわりに細いフレームのメガネ。絶対に彼です。

「あの！　すいません！」

考えるよりも先に、声が出ました。一斉に視線が集まるのを感じます。そんな私に「どうしました？　痴漢ですか？」と声をかけてくれる人までいます。やさしい世界。まぎらわしくてすみません。

私の呼びかけに気付いてくれた彼は、私のことを数秒見た後、思い出したかのように笑ってくれました。捜しましたよ、埼京線に舞い降りた白馬に乗った王子様。

その後、彼と連絡先を交換して、お礼に食事をごちそうさせていただき、そのお礼に今度は俺が、今度は私が、みたいなやりとりがありまして、めでたく私は彼と付き合うことができました。

正直、顔はタイプじゃないけど、問題ありません。誕生日に痴漢から助けてくれた。間違いなく日本中にある出会いの中で上位１％に入るであろうロマンチックなこの出会いは、顔とかそんな細かいことは無力化してくれるのです。

もちろん彼も人間で、スーパーマンではありません。時々、ケンカみたいなこともしますけど、その度に私はあの日の彼の勇気ある行動、名も名乗らず去った男気を思い出し、心を穏やかに保ちます。

でも、問題が二つ。

一つ目。彼は既婚者です。指輪してないから油断していました。でも、いいんです。奥さんとは二年前から別居中なんです。実質独身です。

二つ目。お子さんが大学を出るまで離婚はできないそうです。18歳でも、20歳でもなく、大学を卒業するまで。

お子さん、今10歳。そうか、あと十二年か。十二年後、私は38歳、彼は50歳か。いや、お子さんがストレートに卒業しない可能性もあるよね。浪人生になったり、大学で留年したり、海外留学行ったりね。いいのかな、これ。大丈夫なやつなのかな。


ロマンスの神様、てめえこのやろう。ちょっと無責任過ぎない？　運命の出会いをセッティングするならさ、その先まで面倒見てよ。

あんな出会いセッティングされたらさ、惚れちゃうじゃんか。

どうすんだよ、私。

「運命的な出会い」＝「運命の人」ではない

僕もあります。超あります。夏の大雨の日、自転車ですっころんだ子を助けましたが、その子とは八年間も友達付き合いが続いています。パルコで具合が悪くなってしゃがみ込んだ女性を助けたこともありますが、なんだかんだあってその子は僕の友人と結婚しました。ジョギング中に転んだ女の子の応急処置をしたこともありますけど、今は音信不通です。ロマンスの神様って、むちゃくちゃ気まぐれで、さらに仕事が雑なんですよ。

神様がいるとしても、面倒見てくれるのは出会いまでなんですよね。つまり「運命的な出会いをした人」が「運命の人」とイコールである保証なんてどこにもないんですよね。逆に危険です。**「出会いが運命的だったから、きっと運命の人に違いない」っていう思い込みが視界を狭め、足かせになったりするときだってある**と思います。

僕、いつも思うんですけど「痴漢を助けてもらった」も「本屋で同じ本を手にした」も「合コンで隣の席だった」も「同じクラスだった」も世界の人口から考えると全部同じくらい奇跡的な確率の出会いだと思うんですよね。多少の演出の違いはあっても、**全ての出会いは運命的で、区別なんかできない**と思うんですけどね。

Ui's comment

最強・ニシムラ先輩

「あー！　結婚したーい！　誰でもいいから結婚したーい！」

「じゃあ、お店から出てはじめにすれ違った人と結婚すればいいじゃん！」

「そういうことじゃないよ〜。分かるでしょ〜」

「分かる〜」

独身女性同士の楽しい宴です。ありますよね、こういうノリ。「女子会」なんてかわいいものではなく、結婚していない者同士が集まり、お金を使い、時間を気にせず豪快にお酒を飲んで自由を謳歌する宴です。

結婚は本当にしたいと思っていましたけど、今思えばファッション感覚で言っていたのかもしれません。だって私が結婚できないわけがないと信じていましたから。

そんな私の目を覚まさせてくれたのは職場の先輩であるニシムラ先輩でした。仕事をバリバリこなすニシムラ先輩。ちびまる子ちゃんに出てくる前田さんにそっくりなニシムラ先輩。

「お前さ、そのままだと一生結婚できないぞ。なぜなら、お前は自分の市場価値を分かっていないからだ。晩婚化がそうさせている。晩婚化は世の独身女性に安心感を与えてしまった。どうせあるんだろ？　みんなも結婚してないから私も大丈夫～！　ぺろぺろぴ～！　みたいな安心感。しかも、離婚する人も多い。バツイチたちは声を揃えて結婚なんかしないほうがいいよ！　って言ってくるよな。それがさらに安心感に拍車をかける。しかし、待て。本当に大丈夫か考えてみろ。確かに晩婚化しているかもしれない。きっとそれは事実なんだろう。でも、男の好みや出産の期限は晩婚化なんかしていないんだ。その安心感は、虚像なんだ。お前も、晩婚化という謎の安心感に浸かってしまった被害者なんだ。このままだと浦島太郎になるぞ。独身同士で楽しく飲んで、気付いたら年寄りだ。お前、自分は大丈夫だと思ってるんだろ。後輩からも『30代には見えないです～』とか言われてるもんな。ゴマすられてんのに、心の中ではいつもニンマリしてんだろ。いいか、すごく大事なことを言う。白馬の王子様は絶対に遅刻しない。王子様は時間に厳しいんだ。つまり、もし白馬の王子がいれば、そいつはとっくに迎えに来ている。30歳のお前を迎えに来ていないってことはな、いないってことなんだよ」

強烈なビンタを喰らった気持ちでした。

正直言えば、視界の端に捉えてはいたんです。でも、一所懸命見て見ぬふりをしていた事実を目の前にドンッ！　と置かれてしまったのです。

ニシムラ先輩の言う通りだったんです。私は、30歳を過ぎてなお「こんなに一所懸命生きてるんだから、いつか誰かがもらってくれるでしょ。もちろん誰でもいいわけじゃなくて、3歳くらい年上で、ちゃんと働いていて清潔感のあるかっこいい人ね」という根拠なき自信だけはあって、いわゆる婚活と呼ばれるものにはこれっぽっちも本腰を入れていなかったんです。

「まず、婚活の場に行きな。20代の若者が集まるところ、同年代の30代が集まるところ、そして年上の40代が集まるところの三つに行ってきな。そこでどんな男からアプローチがあるのか、その肌で感じてこい」

私は、ニシムラ先輩から言われたことを即行動に移しました。お見合いパーティーや街コンといった婚活市場に出向いたのです。どれも私には縁がないと思っていた恋愛の戦場です。

結果は衝撃的でした。まず、20代グループにおいては何かの間違いかな？　って思うくらい私はモテない。私、年上のきれいなおねえさんだよ？　なんだかんだ言っても数人からはモテるでしょ？　そんな自信はこっぱみじんになりました。

次いで、30代グループ。ここでは声をかけられることもありましたが、正直タイプではない男性からばかりでした。

そして、40代グループ。そこそこモテましたが、正直その市場の男性に私は興味を持つことができませんでした。

さらに驚いたのはライバルです。婚活市場には私よりかわいく、美しい女性が大勢いたのです。

彼女たちは本気です。私が女性ウケするファッションが好きなのに対して、彼女たちはきちんと男性が好きそうな服装、髪型、立ち振る舞いができているのです。そして、そんな彼女たちの周りにはたくさんの男性がいました。すごい、みんなちゃんと出会いにきている。これにはたまげました。

「それが、現実だ。人間はな、一部の価値観がおかしい奇行種を除いて自分と同レベルの人間にしかアプローチしないようになっているんだ。お前、何かの間違いで菅田将暉と出会っても恋愛のアプローチなんかできないだろ。見かけただけでラッキーって思うだろ。それは、お前が菅田将暉と恋愛できるレベルにないという自覚があるからだ。争いは同レベルの人間の間でしか起こらないのと一緒だな。つまり、お前に言い寄ってくる男は、お前を映す鏡ってことだ」

由々しき事態です。今日という日は昨日と変わらぬように見えるけど、間違いなく昨日より私は一日分老け、恋愛での市場価値は落ちていたのです。

そのことにようやく気付けた私は、ぬるま湯から出る決意をします。

「いいか、まずは量をこなせ。たとえば一人いい感じの男を確保するとする。でも、その男をいけすに入れて安心するな。鯛だと思ってたその男はメダカの可能性もある。そんな状態、目も当てられない。とにかく大量の魚をいけすに突っ込め」

私はその教えに沿い、一年間とにかく量をこなしました。どんなに忙しくても独身の友人たちと最低でも月に二回、出会いの場に足を運びました。

必ず反省会も実施して、互いの評価はもちろん、気になる男性の評価を相互で行いました。

ここで遠慮は無用。女性が行う、やや遠回しな殴り合いではなく、拳と拳を合わせたお互いのダメ出しも行いました。それができる友人がいる、そのことは私にとって財産なのです。

しかし、たくさんの出会いはあれど誰かとお付き合いするまでには至りませんでした。

男性からデートに誘われればタイプじゃなくてもとりあえず行くことにしていたのですが、毎日自撮りの写真を送ってくる男性がいたり、ドライブの行き先がデート相手の実家だったり、正直、私には終わりの見えない耐え難い日々でした。

「お前はこの一年間、立派に恋愛市場で戦い、傷だらけになり、時には淘汰され、それでも立ち上がり、ずいぶんとたくましくなった。もうむやみにデートに行くな。相手に合わせすぎだ。出会いを絞れ。お前は趣味を大事にする人間なんだから、そこから入ってみろ」

ニシムラ先輩に言われた通り、私は自分の趣味である音楽を基準に男性を探し始めました。マッチングアプリに登録し、好きなバンドで検索すると出てきた人がたった一人だけいました。きっと大きい街でなら大勢出てくるんでしょうけど、ここは東京の人口の5分の1の地方都市。贅沢言ってられません。

登録されている写真が全部後ろ向きという怪しさ満点の男性でしたが、問題ありません。なんせ、怪しい男への耐性ならこの一年で培ってますから。

マッチングアプリでメッセージのやりとりを続けます。わりと普通の人っぽいです。昼と夜のだいたい決まった時間に返信をくれるのが心地いい。

でも、二ヵ月間もメッセージのやりとりをしたのに、全然ご飯に誘ってくれない。

「お前からいかんかい。お前もう31歳だろ。売り手市場はとっくの昔に終わったんだよ」

ニシムラ先輩はいつも背中を蹴るように押してくれます。意を決して、私からご飯に誘い、居酒屋で緊張の初対面。……無理。顔が、不思議。

とにかく不思議な顔なんです。うまく言えませんが、毛量の多い温水洋一さんを若く、かっこよくしたような人。かっこいいけど、生理的に受け付けない。

嗚呼、またダメなのか。私は早く帰ることばかりを考えてしまいます。しかし、小さな奇跡が次々に起こるのです。

好きな音楽が一致するのは当然なのですが、好きなラジオ番組まで一緒。これまでの婚活の市場には『星野源のオールナイトニッポン』に藤井隆がゲストで来た回の会話で盛り上がれる人なんていませんでした。

さらに私が仕事で行けなくなった音楽フェスに彼は行っていて、おみやげにステッカーをくれました。ほしかったステッカーです。

まだあります。私がほしいブランドの自転車を彼が持っていたんです。しかも新しいのがあるから古いものであれば貸してくれると言うではありませんか。

顔面以外のフィーリングが完璧。出会ったタイミングも申し分ありません。

でも、私はこの人とお付き合いして、キスできるのだろうか。でも、こんな小さな町でこんなに感性が合う人とはもう出会えないのではないだろうか。

帰りの電車で自問自答。ニシムラ先輩、私は、どうしたらいいんでしょう。

「顔？　慣れるんじゃね？」

私はその彼と付き合い、三年の交際を経て結婚しました。

今、私たちの部屋にはいつも心地いい音楽が流れ、結婚後も変わらず色々な共通点を楽しめる彼。私は、最高に幸せです。

ニシムラ先輩ですか？　彼女は、自身の市場価値は限りなくゼロであると自己判断し、人間性に問題があってもいいから顔面が自分のどタイプのイケメンと結婚して看取ることを決意し、毎晩のように夜の街を飲み歩き、そこで出会った顔がどタイプ（ただし、ニート）を誘い、自宅で養い、二十回以上結婚を迫り、彼がニートのまま結婚しました。

今日もニシムラ先輩はバリバリ仕事を続けながら「私は幸せ」って言ってますよ。彼もニートからフリーターに進化したらしいです。

最強の先輩、ニシムラ先輩。ありがとうございました。私、あの時、ニシムラ先輩に現実を教えてもらったから、今の幸せがあります。

Ui's comment

正しいスタートラインに立つ方法

あっぱれですよね。真っ先に賞賛されるべきは、自分の市場価値を確認するために即行動に移したところです。ニシムラ先輩から指示されたやり方って、考えれば誰でもできる方法なんです。でも、やらない人が多い。だって怖いじゃないですか。自分の市場価値を突きつけられるのって。そんな中、即行動に移したことは本当にすばらしいなと思います。

そして、さらにすばらしいのは「受け入れた」っていうところなんですよ。ニシムラ先輩に言われて行った婚活市場での20～40代の男性の反応、受け入れ難い事実だったと思うんです、でも、それらの現実から逃げずに受け止めた。これこそが賞賛に値する行動です。

市場価値を決めるのは自分ではなく他人。恋愛市場では自己評価はまったく意味をなさない。そして**他人が決める市場価値を受け入れた者のみが正しいスタートラインに立つことができる**のです。

やっぱり、ここまでやらないといけないんですよ。時々傷ついて、落ち込んで、受け入れて、前を向き、ファイティングポーズをとる。勝つまでは決して戦うことを止めない。最強・ニシムラ先輩がどんなに助言をしても、本人にその気概が無ければ意味がありませんからね。

Instagramで出会った悪魔

「ねえ、まだ？　今どこ？」

約束の時間まで15分もあるのに彼女はご立腹だ。一度も会ったこともない女に僕は叱られている。

「今渋谷だからあと5分くらい。美女を待たせるなんて、申し訳ない」

「ほんとだよ」

東京都目黒区中目黒。19時50分。朝からボタボタとだらしない大粒の雨が降っていた。人でごった返す改札。横断歩道手前のガードレールに彼女の姿を見つけた。

会うのは初めてだったが、お互い顔は知っているのですぐに見つけることができた。人ごみの奥でイヤホンをして、退屈そうにスマホを見ている。

目前まで迫った春を楽しむように街行く人のジャケットやパンツはカラフルだった。そこに赤や青の傘が彩りを加える。そんな中、僕には白いシャツの彼女が一番カラフルに見えた。

彼女の真横に立ち、時計をトントンと叩いて見せる。約束の10分前に到着したよ、と伝えるためだ。彼女は不機嫌そうな顔でこちらを一瞥し、スマホに顔を戻す。

「はじめまして！　おまたせ！」

イヤホンをしている彼女にも伝わるように大きい声を出す。信号を待つ人達の視線が一瞬集まり、すぐに興味を失ったことを感じる。不機嫌そうに白いイヤホンを外す彼女。

「ねぇ、声デカくない？　目立つからやめてよ。ボリューム調節機能壊れてるの？もしそうならすぐに修理して」

コミュニケーションが始まった。

「インスタグラムで見た変な柄の傘じゃないんだね。あの絵画みたいな柄の」

彼女の持っているビニール傘を見ながら伝える。

「それは仕事場に忘れてきたの。そんなことより知ってる？　今日、仕事が早く終わって30分も前に来たの。コーヒーでも飲もうかなって思ったんだけど、ビール飲みたいし、ここで待ってたの。だから、今の時点で20分も待っているの。あなたが定刻通りに来てたらあと10分も待つことになってたの。私、30分も人を待ったことないの」

この女は何を言っているのだろう。

「今の登場のしかた、ナンパかと思った。なんならそのナンパされたことある」

「君みたいな無理めな女ナンパするかよ」

「無理めじゃない女ならナンパするの？」

「負け戦は好きじゃないんだ」

「ところで、インスタの印象と全然違うね。これは、いい意味でね。わたしガリガリな男嫌いなの。スーツが似合わないから。筋トレは？　してる？　あと声のボリュームは注意してね。元気なことはいいことだけど、耳はとても健康なの。そんなことより早くお店行こ。お腹へった。お店どこ？　靴が濡れるのは嫌だから遠いならタクシー乗ろうよ」

「よくしゃべるね。情報量が多くて処理が追いつかない。とにかく僕はあの絵画みたいな柄の傘が見れなくてがっかりした」

彼女は普通の会社員兼サロンモデルだった。インスタグラムが彼女を有名にした。フォロワーは二十万人を超えている。本人は「インスタの初期からコツコツやってただけ」と言うが、コスメ、ヘアスタイル、ファッション。どれをとっても彼女の写真は美しい。様々な商品をＰＲするライター業もやっている。いわゆるインフルエンサーと呼ばれる界隈の人だ。

胸まであるロングヘアー、印象的な目、作り物のような鼻筋。写真だと大きそうに感じた身長は思っていたよりも低かった。顔の小ささがそう見せているんだろうか。

東京は美人であふれかえっているが、彼女は間違いなく上位１パーセントに入る。僕が、24時間稼働のベルトコンベアでアルバイトが夜勤で量産した人間なら、彼女は神様からのオーダーを受けた職人によって、ていねいに作られた人間に違いない。

ＤＭでやりとりをし始めてから一年以上の時間が経ったが、会うのは初めてだった。タイミングが合わなかったのもあるが、僕に勇気がなかったからだ。

彼女からの「そろそろ至近距離でコミュニケーションしようよ」のメッセージがきっかけで会うことになった。

「傘、ないんですか？　迷惑じゃなかったら、これ使ってください。私はこの人の傘に入れてもらいます」

彼女は自分のビニール傘を隣に立っていた女の子にプレゼントし、僕と相合傘で歩く。彼女が濡れないように傘を彼女のほうに傾けながら、昔見た漫画で同じようなシーンがあったなと思い出したが、彼女は絶対に知らないだろうし、言葉にするのをやめた。

「傘、あげたんだね。やさしいじゃん」

「あの人、ずっと駅の前で待ってたの。誰かを。でもその人は来なかった。たぶん男。だから男がちゃんと来た私は、傘を渡す必要があったの。それに、ビニール傘嫌いなの。いかにも量産品でしょ」

「よくわかんないけど、上から目線ってことは伝わったよ」

「さっきまで対等だった。そんなことより100メートルね。わたし、お腹空きすぎて100メートルしか歩ける自信ないの」

途中、すれ違った女の子に「あの、インスタ見てます」と控えめに声をかけられた。彼女は「ありがとうございまーす」と言って笑顔で手を振っている。

女の子から僕はどう見えていただろうか。彼氏か、仕事関係か、もしかしたら目に入っていない可能性もある。いずれにせよ、背筋が伸びた。

「ねえ、あと50メートルしか歩けない」

「やさしいな。君が１００メートルしか歩けないと言ってからもう80メートルは歩いた。にもかかわらずまだ50メートルも歩けるって言ってくれる」

「何それ？　細かい男は嫌われるよ」

店は路地裏にある静かな和食屋さんにした。普段のデートで使う店よりも高級な店だ。

一人でいるときは食事に執着がない。サラダチキンを袋から直接食いながらビールで夕飯はおしまいだ。その分、誰かと食事するときは上質な食事をしたい。特にデートでお金を使うのはこれっぽっちも惜しいと思わない。

「ねえ、この店エロいね」

カウンターに座るなり僕にグッと顔を寄せて彼女は言う。外では気付かなかったが、ほんのりと香水の香りがした。嗅いだことない上品な香り。胸いっぱい吸い込みたい。あとで香水の名前を聞いておこう。

「ほら、見て、このカウンター。明らかに不倫でしょっていうカップルが三組。逆に、不倫に見えないの私たちくらい。私たちは恋人に見えるのかな。まさかＳＮＳ経由で今日初めて会った者同士とは思わないよね。今日、日本中で何人の人がＳＮＳで出会ったと思う？　きっとびっくりするくらいの人数が出会ってると思うんだよね。でも、少し後ろめたさも感じない？」

「SNSの出会いはとっくに市民権を得てるよ」

「ねえ、SNSで出会うって、すごく良いことだと思うの。ツイッターとかインスタってその人の人間性が出るでしょ？　匿名ならなおさら。SNSでの出会いは会社や学校での出会いと違って、土台がないっていう話を聞いたことがあるんだけど、あれは違うと思うの。SNSの方がよっぽど土台ができる。言葉の選び方、写真の撮り方、他人との距離感、更新頻度、センス。その人の人間性がもろに出るんだよ？　それをさらけ出している者同士がお互いに『会いたいです』『会いましょう』ってなるの。職場でなんとなく仲良く接してる人同士よりも、よっぽど土台ができてると思わない？　今日だって、私のこと初対面なのに無礼な女だなって思った？　礼儀正しい、おしとやかな女が来ると思った？　思ってないでしょ。私もあなたと何度もやりとりしたからこそ、こうやって遠慮なくいつもの自分でいられるの」

彼女はよく食べ、よく飲み、よくしゃべり、よく質問してきた。他人との距離感をいい意味で考えない。

美人との会話には集中力がいる。顔の造形や所作に気を取られると話が頭に入ってこないからだ。インスタでPRを依頼してくる会社の愚痴とか、確定申告とか、そんな話をしたと思うが、あまり覚えていない。3時間以上、会話は一度も途切れることなく続いた。

店を出ると日付が変わろうとしていた。ずいぶんと長居してしまった。二軒目という選択肢もあったが、お互い明日の朝早かったので解散することになった。

「ねえ、代々木に住んでるんだよね？　私、渋谷だから家まで送って。こう見えて、ずいぶん酔っ払ってるの。私が部屋に入ってカギを閉めるところを確認して。今日セックスできるとは思ってないでしょ」

「OK」

実際、僕はセックスできるとは思ってなかった。本当に美しい女を前にすると男は性欲を失うようにできている。ビビっている、自信が無い、腰が引けている。そのあたりは全部正解だろう。

タクシーに乗り、彼女が運転手に行き先を告げる。彼女の年収は知らないが、僕のマンションより家賃が高いのは明らかな立地だ。

「ねえ、アイス食べたい。アイス買って。ガリガリしてない、特別な日に食べたくなるような、ちょっと高めの、クリーミーなやつがいい」

「ハーゲンダッツって言えばいい」

マンションの隣にあるコンビニでハーゲンダッツを数種類、それと、彼女は足取りこそしっかりしているが、本当に酔っ払っている様子だったので水も一緒に買う。

予想通りマンションは立派だった。エントランスロビーに大きなソファが見える。たぶん有名なデザイナーのソファだろう。

オートロックの前でコンビニの袋を手渡そうとすると、

「もう忘れたの？　あれからまだ30分も経ってないよ」

彼女はそう言って袋を受け取らずにオートロックを開ける。

「そうだった。鍵を閉めるのを確認する大事な役目があった」

8階まで上がるエレベーターの無言の時間がやけに長く感じた。

部屋のドアの前でコンビニの袋を手渡す。

「じゃあね、また飲もうね。おやすみ」

彼女が部屋に入るのを見送る。

デートが終わる。彼女はきっと楽んでくれた。そういえば香水の名前を聞くのを忘れた。次会ったときに聞けばいいか。ところで、次は、あるんだろうか。それにしても

カギが、閉まらない。

ガチャリ、が聞こえない。

（え？　何？　なんで？）

ドアノブを見つめること以外何もできない僕は、きっと間抜けな顔をしていただろう。10秒か、30秒か、もしかしたら1分かもしれない。さっきのエレベーターの何倍も時間が長く感じた。

混乱していると、ドアノブが回った。

さっき買ったばかりのハーゲンダッツを持った彼女が出てきた。シャツを脱いで、インナーにしていたノースリーブ姿になっている。

「一口あげる」

そう言うと、彼女はスプーンで僕に一口食べさせる。冷たくて、口の中に甘ったるい味が広がる。

「ハーゲンダッツのスプーン使わないんだね」

僕がそう言い終わらないうちに、彼女は手を大きく広げて僕に抱きつく。

「プラスチックのスプーンはダサいからきらいなの。いかにも量産品でしょ。今日はすばらしい出会いでした。ありがとう。次はいつ？　そっちから誘ってね」

「うん」

まぬけな声で返事するのが精一杯だった。

「じゃあね、おやすみ」

彼女はスプーンを咥えてドアを閉める。施錠する音が小さく響いた。


「悪魔か……」

閉ざされたドアに向かって蚊の鳴くような声でつぶやく。

悪魔だ。美しい人間の顔をした悪魔だ。なんだ最後のハグは。なんであんな立ち振る舞いが許されるんだ。普通なのか。インフルエンサー界隈では普通の挨拶なのか。

とにかく、退散しろ。これ以上は危険だ。振り返るな。お前じゃ無理だ。本能が訴えかけてくる。正直、手に負えない。年収が三千万円あるとか、元カノが長澤まさみとか、そんなレベルじゃないとても太刀打ちできない。

自分の、男としての、オスとしての限界を見せられた気になった。

外に出ると、彼女のマンションが冷たく僕を見下ろしていた。さっきまで立派なマンションに見えていたのに、今はラスボスの要塞に見える。

タクシーを拾い、彼女の香りと、まるで柔らかい陶器のような肌を思い出しながら深いため息をつく。

「お疲れですね。代々木までは明治通りで行きますね。間もなく四月なのに、今日は寒かったですね。朝から雨も降ってたし。ついさっき上がりましたけどね。雨の方がタクシーは忙しいから、降ってもらったほうがいいんですけどね。でも、これじゃ、まだ桜は咲きませんね。早いところだと来週の末くらいから咲くらしいですけどね」

運転手が話しかけてくる。情報量が多い。

「そうですね……こんなに寒くて、桜なんか咲くんですかね」

「そりゃ、咲くと思いますよ。春ですからね」

「そうですね」

返事をしながらスマホを取り出す。何件か通知が入っていた。一つひとつ目を通し返信する。その中に、さっきまでデートしていた悪魔からのＤＭがあった。開くと、ハーゲンダッツを持った自撮りの写真と「ごちそうさま。次、いつ?」のメッセージ。こっちが瀕死の状態で、尾っぽ巻いて命からがら逃げ帰っているのに、後ろからとどめを刺された気分になる。

でも、いい。心地いい。満足だ。安らかに死ねる。勝手に、死ねる。

僕たちには、僕たちの恋愛がある。僕たちとは、誰のことだろう。それは、普通の人と、普通の恋愛だ。普通の恋愛とは何だろう。ＳＮＳでの出会いは本当に普通なのだろうか。もう二度と会うのはよそうと思っている自分もいれば、悪魔の沼に片足を突っ込んだままいつまでも抜こうとしない僕もいる。

たぶん、僕はまた会ってしまう。そういえば、来月もＳＮＳで知り合いになった人と会う約束がある。誰だっけな。

運転手はまだ何かしゃべっていたが「春ですからね」とだけ答えた。

スマホが普及してからずいぶん経ちました。

昔、まだ僕たちがガラケーを使っていた時代、インターネットをきっかけにして出会うことは「危険なこと」や「いかがわしいこと」として扱われていました。それがいつの間にか「出会い系サイト」は「マッチングアプリ」に名称を変え、市民権を得ています。SNSで出会うことも別に珍しいことではなくなりました。

僕の女友達の中には「インスタとかツイッターで会いたいなって感じた人に1位から20位まで優先順位つけて二十人にDM送りまくった。途中で誰に何のメッセージ送ったか分からなくなって、エクセルで表管理してた」という猛者もいます。

Ui's comment

出会いを区別してはいけない

これから大切になってくるのは「いったん受け入れ、チャレンジすること」です。どんな出会いであれ、その方法を受け入れる。区別しない。

今後、まだ僕らが体験したことのない「出会うための方法」が絶対に出てきます。だってSNSで出会うなんて昔は想像すらできませんでしたよね。**新しいサービスが出てきたとき、とりえあえず一回受け入れてチャレンジできるか？　積極的に活用できるか？　ここでずいぶんと出会いの量にも質にも差が出る**と思います。

第3章
距離を縮める

気になる人との距離を縮めるために、僕たちはあの手この手を使ってきたはずです。外見を良くするために努力したり、誰かに相談したり、自分を良く見せたくてウソをついたりする人もいます。でもそれらの努力のほとんどは空振りしてきたはずです。男と女が距離を縮めようとするといつも様々な問題が出てきて、惹かれ合っているはずなのにすれ違ったりもしてきました。この問題を解決すべく、交錯する人間模様や男の本音をのぞき見してみましょう。

僕は、女の敵なのだろうか

美しい女性とデートをしてきました。

やっと取りつけたデートの約束ですから、それはそれは準備して行ったわけですよ。

予約したお店は恵比寿の路地裏にひっそりと佇むお寿司屋さん。注意しないと見過ごしてしまう佇まい。「あれ？　店どこだ」ってスマホ片手に迷う姿を見られるのはダサい。そんな行為、僕が僕を許さない。事前に店の位置は自分の足で確認済みです。

店内はお寿司屋さんにしては薄暗いけど、料理が美しく輝くライティング。彼女がトイレに行った際にスピーディーにお会計を済ませることができるように、使えるキャッシュレス決済は確認済みです。

女性が帰り際にトイレに立った隙に会計を済ませるのは当然の行い。しかし、その様子を1秒でも見られるのはダサい。現金よりも、クレカよりも、まるで手品でもしたかのようなスピードで終わる決済方法が必要なのです。

「いくらだった？」そんな質問、彼女から出ないかもしれないけど最高の笑顔で「ごちそうさまでした」が聞ければ充分。

誕生日が近かったので、プレゼントもご用意しました。小さなカバンでも持ち帰れて、自分ではなかなか買わないライン。付き合っていないデート相手からもらうには、ちょうどいい価格帯。しかも消耗品だから最終的には彼女の手元には残らない。

それくらい準備万端。仕事もデートも「準備が8割、仕上げが2割」準備を制する者が当日を制するのです。

当然、会話は盛り上がりました。なんせ、彼女の全ての情報をインプットしてますから。モデルである彼女のインスタグラムは全て目を通しています。でも、絶対にそのことは言わない。

何かの会話の端を拾って「そういえばそれ、昔インスタでアップしてたよね？　あれ見たとき～」と話を広げたり、狭めたり、柔らかくしたり、鋭利に削ったり、塩だけ振ってサッと炙ってみたり、自在に操るわけです。

「僕は誰よりもあなたのファンなんですよ。だから今、最高に幸せなんですよ」という立ち振る舞いをするわけです。あくまでさりげなく。

おそらくは百万回言われてきたであろう「かわいい」以外の言葉で、冗談を交えながら、彼女の外見を、洋服の上質な生地を、髪の毛の光沢を、香りを、内面を、価値観を、人生の選択を、時には家族構成や飼いネコの毛並みや名前の由来までを褒めちぎります。

自分の会話が正解なのか不正解なのかは彼女の笑い方を見れば分かる。彼女の笑顔が作られたものなのか、こみ上げてきたものなのかは口角を見れば分かる。目じりのシワの入り方を見れば分かる。鼻に寄るシワを見れば分かる。首の傾きや、下半身の向きや距離を見れば分かる。

僕は、このような名前が付けられないスキルが高いと自負しています。しかし、あの日の僕は、いやあの日の僕も、二つの問題を抱えていました。


一つ目の問題。彼女がトイレに立ちます。待っていました。僕はカバンからスマホを取り出し週末の天気予報をチェックします。

僕は、隣に座る美女より、本当は男友達を集めて行く、週末のキャンプの天気のほうが気になってたんですよね。

キャンプ大好きなんですよ。毎月行くんです。なんか、不穏な雲の塊が南の海上にあるのは知ってたんです。その雲のことがずっと気になってたんです。

そしたらカウンターで隣に座る、夫婦には見えない、恐らくは不倫カップルが「今週末、台風くるらしいよ」「あ、あの低気圧、台風になったんだ」とか言っている会話が聞こえてくるわけです。

そこからはもう、気が気じゃない。集中力、プッツン。隣の美女の存在を、週末のキャンプがはるかに凌駕してしまう。もう、恋愛も仕事も趣味も同じステージにあるわけです。一般的には別物とされるものが、まったく一緒のリングに上がっている。そうなると、常に「恋人」よりも楽しいことが人生には登場するので、そっちに心が持っていかれてしまうんです。

二つ目の問題。ある程度「今日のデートは成功」という確信を得た時点で、僕の本来の目的は果たしているわけです。

僕の本来の目的とは、これも本当は言いたくありませんし、実際に女友達に言うとまあまあ引かれるんですけど、僕は、美女に会いに行ったんじゃなくて「美女とデートして、大成功を収めることができる自分」に会いに行ってるわけです。今の僕にとって美女とのデートは「自分、ＯＫ。まだ大丈夫」という確認作業なんですよ。美しい女性を最高に楽しませるデートができる。これまで最高にモテてきたであろう女性から高評価を得ることができる。そのためにＰＤＣＡを高速回転させることができる。

30代も後半になり、ずいぶんと長い間特定の恋人はいませんが、準備も会話も立ち振る舞いも衰えていないし、なんなら切れ味は増している。その確認。

時刻は23時。二軒目に行きたいと言う彼女。明日も撮影なんだから今日は日付が変わる前に寝るべきだ、そうやってちゃんと仕事に備えるあなたは最高にステキだから、そう伝えタクシーに乗せる僕。

数分後、彼女から来るお礼のＬＩＮＥ。そこには「次回のお誘いが候補日付き」で書かれている。この瞬間、インポッシブルだったミッションは完全にコンプリート。

既読にして、僕はその足で代々木に向かいます。飲み足りなかったので、友達夫婦が営んでいるバーに遊びに行くために。

「あなたは女の敵なのよ。友達としては最高の味方になるんだけど、男女間の仲になると、本当は女の天敵。まじでそろそろ彼女作りなよ。でも、犬みたいな女はだめだと思うの。あなたはかわいがるのが上手なんだから。犬って犬好きな人のこと分かるでしょ？　かわいがってくれる人にはすぐ懐くでしょ？　だから、犬女はだめ。猫にしなよ。気まぐれで、一人でも平気な猫女。たまに懐かれたらめちゃくちゃかわいいでしょ。どんなサービスを提供すれば猫が喜んでくれるか考え、色々尽くすけど、結局一所懸命選んだプレゼントよりも、梱包の段ボールを喜んじゃうような、そんな猫女がいいよ。何もかも自分の思い通りにいかない女。きっと、ずっと夢中になれるよ」

いつだって僕ら独身男性に的確な言葉を投げてくれるのは既婚の年下女性。彼女たちは結婚を夢見る少女からリアリストと化している。

でも僕、猫アレルギーなんですよね。猫はかわいい。でも、コミュニケーションすると鼻水とくしゃみと涙が止まらないんですよ。猫女もそうなんですよ。ダメなんですよ。気まぐれでつかめない女性、苦手なんですよ。

それにしても、僕は、本当に女の敵なのだろうか。僕がやっていることは、そんなに非難されることなんだろうか。

誰もが同じようなことをやっているのではないだろうか。好きでもない女とセックスして、のらりくらりとしている男性だっているし、自分に好意はなくても向けられた愛情に対して平等にお返しをする八方美人の女性だっている。ちやほやされたくてSNSやマッチングアプリをしている女性だっている。結婚しているのに若い女と不倫して嫁と別れる別れる詐欺している男もいるじゃないか。

形は違えど、みんな異性を使って己の価値の確認や、承認欲求を満たす行為くらいやっているんじゃないだろうか。

それを「悪」とするなら世の中の恋愛市場にいる人はみんな悪者になってしまう。それとも、それを男がやるから非難されるのだろうか。もしそうならフェアじゃない。

僕は、そうやって自分のことを肯定してしまう。

Ui's comment

恋愛の目的が違う人を見極められるか

「なぜ恋愛しているのか？」を考えたことがあるでしょうか？

「え？　そんなの結婚のためでしょ？　違うの？」と驚く人もいるでしょうけど、結婚を目的としない恋愛なんて山ほどありますよね。承認欲求を満たしたいから、セックスしたいから、一人が嫌だから、単純に楽しいから、ドキドキしたいから。中には対人関係のリハビリをするために恋愛をする人もいます。

恋愛の目的は十人十色。極端に言えば、一般的に悪とされるセフレだって恋人がいない者同士がお互いに「僕たち」「私たちは」「『セフレです！』」という共通認識があれば悪いことじゃないと思います。もはや不倫や詐欺でもない限りそこに善とか悪とかを持ち込むこと自体、滑稽なのです。

大切なのは自分が好きな人、デートをしている相手が何のために恋愛をしているのか？　自分と同じリングに上がっているのか？　そこを見極めることだと思います。ここ、すごく大切なのに、見て見ぬふりしている人が割といます。目的が違う人と一緒になってもうまくいかないのは当然なんです。なんせゴールが違うんですから。

同い年だった

同い年の彼氏がいます。相席居酒屋と呼ばれる男女の出会いが目的の居酒屋で知り合った29歳の彼氏です。

付き合ってまだ一年半だけど「そろそろ両親に紹介したい」という、将来に対して非常にポジティブな言葉を言ってくれます。

彼はいつだって真剣です。彼の口から発せられる将来とか結婚の話は、多くの恋人たちがその場のノリで言い合う無責任な夢物語とは本気度が違うのです。

これまで私が付き合ってきた男性の中で、最もまじめで、心穏やかで、やさしい人。誰に対しても分け隔てなく紳士的な振る舞いができて、毎月のお給料からアフリカの恵まれない子供たちのために寄与をするような人。

お酒はほどほど、タバコは吸わない、ギャンブルはしない。定職に就いているし、借金がないばかりか貯金をしているし、昔の女のイニシャルの入れ墨も入っていない、歯も全部揃っている、普通の人。

ようやく私は普通の人と惹かれ合い、恋人になれたのです。どうかこのまま彼と結婚させてください。教育関係の仕事をしているという彼の両親とも、年子のお兄さんとも私はうまくやっていけるはずですから。


彼と付き合う以前、私にはセフレがいました。彼と出会ったのと同じ相席居酒屋で出会ったセフレです。お互いに「私たちはセフレです」という共通認識がある、本当にセックスを楽しむだけの健全なセフレです。

どちらかに恋人ができたら関係は解消する約束でしたが、付き合ってからもなかなか関係を終わらせることができませんでした。身体の相性が良すぎるのです。

たとえセフレでも三年以上関係を続けたら、簡単には終わらせられないことを知りました。

ある日、事件が起こります。

セフレに送ったつもりのＬＩＮＥを彼に送ってしまったのです。リニューアルしたというラブホのＵＲＬと「ここ行きたい」というメッセージです。

心拍数が高くなり、血の気が引きました。いつもセフレとは今度やりたいプレイや使いたい道具のやりとりをしていたので、それを送らなかったのは不幸中の幸い。

それでも、いたって普通の、ドノーマルな彼に突然ＳＭプレイ特化型のホテルのＵＲＬはあまりにも不自然。

これは大きな修羅場がやってきて、彼は私を捨てる。私は罪を犯し、神の怒りに触れたのです。

罰を受けるのは当然の報い。そう覚悟していましたが、彼は何も追及せず、それどころか「ラブホ？　いいけど、急にどうしたの？」のメッセージ。翌週、そのホテルに連れて行ってくれました。

「友達から聞いてて、少しだけ興味があったの。急にごめんね。すごく恥ずかしかった」私が真新しいラブホのベッドでそう言えば、それがまかり通るのです。私のことを信頼してくれているのか、無垢なのか、とにかく「疑う」ことをしないのです。

そして、私はもう一つ、ウソをついています。こっちのウソは、墓場まで持って行くことは許されません。

非常に言いにくいのですが、年齢、です。彼は私のことを29歳、同い年だと思っています。当然です。私がそう言っているのですから。でも、私は32歳です。だって相席居酒屋ですよ。真剣な出会いなんか期待してませんでしたよ。現に彼と出会った日もタダ酒飲みながらちやほやされたくて行ったんです。相席居酒屋での私は永遠の20代だったのです。

彼はどこまで私のことを両親に話しているんでしょうか。ネットで「恋人　年齢詐称」で検索すると、たくさんの人が同じ悩みを抱えています。世の人たちは平気で5歳とか7歳とかごまかしています。中には10歳もごまかしている人もいます。

私は3歳です。たったの3歳の詐称なんかかわいいほうだと思いませんか。29歳と32歳ではだいぶ違うように感じますが、100歳と103歳では誤差に感じませんか。そういった問題ではありませんか。詐称する年の差で罪の重さは変わるのでしょうか。

なぜ彼のような人との出会いが相席居酒屋だったのでしょうか。彼は笑って許してくれるのでしょうか。それとも全てを見透かしていて、正直に言ってくれるのを待ってたよとか、そんな展開になるのでしょうか。今度こそ重い罰を受けるのでしょうか。

幸せなのに、最近上手に笑えない私がいます。

Ui's comment

重要なことこそ早めにぶっちゃける

「将来、重要になるであろうトピックス」ほどなるべく初期の段階でカミングアウトするべきですよね。**初期の段階で話せば笑って済ませられるような話が、後からのカミングアウトだと別れの引き金になったりする**ものです。虫歯と一緒で放っておいても良いことは一つもないんですよね。

最近聞いたのは「東京で二年付き合っているカップルの彼氏が、家業を継ぐために一年後に実家のある山口に帰ることが決まっていた」というものがあります。付き合う前に言ってくれるのと、付き合ってから言われるのと、付き合って二年後に言われるのとでは全然違いますもんね。年齢詐称も一緒ですよね。

ところで、もしかしたら僕がおかしいのかもしれませんが、3歳くらいなら「そうなの？」で笑って終わりますけどね。「じゃあ何歳までならOKなんだよ。10歳ごまかしていても笑って済ませるのか？」と問われるとモゴモゴしてしまいますが。「正直に言ってくれてありがとう。ほんの少し驚いたけど、女性が少しでも若くありたいっていう気持ちは当然だと思う。もう一人で悩まなくてもいいよ」ってなるんじゃないですかね。違ったらすいませんね。

潔癖症と性欲の強さに関する考察

極度の潔癖症と付き合っていました。一言に潔癖症と言っても、色々な度合いがあると思いますが、彼は日本でも有数の潔癖症ではないかと思います。

彼が潔癖症である理由は肌が弱いということです。わりと多い理由らしいですね。実際、彼の肌は荒れやすく、ばい菌や花粉やほこりが自分の肌に付着することに対して非常に敏感でした。

特に顔の皮膚が敏感なようで、彼がスキンケア以外で自身の顔を触っているところを見たことがありません。もちろん恋人である私が顔に触れることも絶対に許しませんでした。

そんな彼の行動で一番驚いたのは、ありとあらゆるものを素手で触ろうとしないことです。化粧水のボトルをつかむときでさえ必ずティッシュ越しでつかんでいました。初めて見たときは驚いたというよりも、シンプルに引きました。

（生きにくくないのかな）そんなことを心配したりもしましたが、重度の潔癖症の人とそうでない人とでは生きている世界が違うのです。

たとえば一面の花畑を見て、その景色を（きれいだな）と思う感情は共有できても、花に触れるという行為は彼にとっては正気の沙汰ではないのです。「美しいもの」と「清潔なもの」の線引きが私たちの感覚とは大きく違うのです。

そんな彼と私ですが、はじめはなんとか楽しく生きることができていました。

私の家に初めて泊まった日、彼はマイタオルや部屋着を持参してきました。

（お？　タオルまで持参ですか。もしや、私の家のことめちゃめちゃ汚いと思ってるな）という疑念が湧きましたが、私自身、毎日のように隅々まで掃除をするような暮らしはしていなかったので、まぁ自分の肌に触れるものくらい好きなもん使えばいいいさと受け入れました。

一応、私なりに前日にありとあらゆる場所のほこりを取って、何度も掃除機をかけ、ピッカピカに床を磨き、布という布を洗濯してたんですけどね。

さすがに彼から「ねえ、フローリングってちゃんと拭き掃除してる？　足の裏、すごく痒くなったからたぶんほこりあるよ」と言われたときは「昨日、めちゃくちゃ掃除したし」と心がささくれることもありましたが、潔癖症と生きるには、いかに「潔癖症でないほうがどれだけ歩み寄り、着地点を見つけられるかが大事」と学んでいたので、そのときは次回から彼がマイスリッパを持参することを提案し解決しました。

彼の特徴は潔癖症だけではありません。異常なほど性欲が旺盛な人でもあったのです。一回のセックスに90〜120分とたっぷりの時間をかけ、それを5セット繰り返すのです。

セックスが一回終わると彼は必ずシャワーを浴びるのですが、その時間も合わせると5セット完走するためには10時間以上かかるのです。セックスを夜から始めたら当たり前に朝日が昇り、夜中にスタートすると昼に差しかかることもありました。もちろん体力的にとてもキツかったです。

そんな彼とお別れした理由はいくつかあるのですが、まず先に言っておきたいのは彼の潔癖症が原因ではないということです。

潔癖に関しては、どうすればお互いストレスなく一緒にいられるかを話し合うことができていましたし、面倒だなと思うことはありましたが直接別れの原因にはなりませんでした。

別れの原因となったのは、彼が隙あらば避妊をせずにセックスをしようとすることです。

そもそも、自分の化粧水のボトルでさえ素手で触れない彼が私とセックスできていたのか、という疑問ですが、まったく問題なくできていました。

普通のカップルがするような、指や舌を使った愛撫は全て滞りなくできました。彼の潔癖症が唯一発動しないのが女性の体液なのです。

極度の潔癖症である彼が女性の体液にはまったく拒否反応を示さないのは何故なのか？　この疑問に対する私なりの答えは「潔癖症は生命力が弱いから」ではないかと思っています。

これは私の偏見が大いに入った持論ですが、仮に人類が文明を失ったり、無人島に放り出されたとき、真っ先に死ぬのは潔癖症の人だと思います。

彼らは肉体的にも、精神的にもサバイバル下でたくましくは生きられないのです。それはつまり、単純に生命力が弱いということになります。生命力が弱いが故に子孫を残すのに必死なのです。

分かりやすい例では、潔癖症に限らず、男性って肉体的・精神的に極限まで酷使すると性欲が旺盛になるっていいますよね。いわゆる「疲れマラ」と呼ばれる状態です。潔癖症は常にうっすらと疲れマラなのです。

さらに、震災やコロナウイルスなど、人間が普段よりも「死」を身近に感じたとき、成婚率や出産率が上がると聞いたことがあります。

もちろん「一人は心細いから」という理由が大きいと思うのですが、「死を感じ、子孫を残そうとする」という本能も関係していると思うのです。

こういった「死に対する危機感」が潔癖症の人は無意識下で強いのではないかと仮定すると、彼の性欲の旺盛さと、避妊に対する嫌悪感は全てつじつまが合うのです。

私が彼と付き合った理由。それは、彼は色白塩顔の高身長で、肩書も仕事もおしゃれな高スペックで、さらに押しが強かったからです。付き合わない理由がありません。

当時の私は、ずっと外見とか肩書とか年収とか、どれだけ私のことを一所懸命口説いてくれるかで相手を判断するという、殿様商売の恋愛をしていたんです。

好きなタイプを聞かれても「なんか、雰囲気あるおしゃれな人」みたいなボヤっとしたこと言ってたんです。

でも、それじゃダメなんだっていうことを彼で学びました。

私は、彼とのお付き合いを通して、見た目やスペックだけで人を選ぶことの愚かさと、押しが強い人で承認欲求を満たし、自らの思考を止め、流されるように付き合うことの愚かさを知ったのです。

私に大切はことを教えてくれた元カレ、元気ですか。

私はあなたのことを生命力が弱いと思っていますが、コロナウイルスが広がった世界では、絶対に顔を触らず、一日何回も手洗いをしているあなたはたくましく生きられていると思います。

あなたのおかげで、私は好きなタイプを聞かれる度に胸を張って「生命力が強そうな人」と言えるようになりました。ありがとうございました。

追伸・女子会であなたの話は何度もリクエストを受けるくらい大好評です。

Ui's comment

失敗を「無かったこと」にせず内省する

これ、すごいと思うんですよね。人間は恋愛に限らず、仕事においてもそうだと思いますが、自身の失敗や他人から受けた不当な扱いって「無かったこと」にしてしまいがちなんですよね。

しかも、仕事ならともかく、恋愛においては内省しなくても咎められることが無いから、簡単に無かったことにできちゃう。でも、そうすると当然のように高い確率で同じような問題が発生するんですよね。周囲にいませんか？　ダメな恋愛を続けている人。同じような異性と付き合っては同じような別れ方をしている人。いますよね。

「今度こそ大丈夫」と根拠なき自信を持ってしま

うのは、前回の失敗を「たまたま起こったこと」「運が悪かっただけ」として、問題から目を背けているんですよね。そんなの信用できない。

一人で「再発防止委員会」を開催し、潔癖症と性欲の旺盛さと避妊を紐付け、仮説を立て、検証し、結論付け、最終的には内省し、次に活かそうとしている。

簡単そうで、なかなかできることじゃないですよね。自分の至らぬ部分と向き合うわけですから。立派ですよ。

僕が恋していたもの

憧れの街、東京。

二〇一九年春、地方の支社から念願の東京本社に異動になった僕は、生まれて初めての東京に夢中になりました。

渋谷、新宿、下北沢、吉祥寺、代官山。お金は持っていませんでしたけど、テレビで何度も耳にしたことがある街を、おしゃれして歩く。

それだけで僕はおしゃれな街の一員として認められたような気がして、すごく誇らしい気分になりました。

東京に来たら彼女をつくろう。そう決めていた僕はありとあらゆる出会いの場に顔を出しました。不慣れなクラブにも行ったし、合コンにも数えきれないくらい行きました。そこで出会ったのが、僕が東京で初めて恋をした1歳年下の女性です。

コンパに来たのは初めてだと言う彼女は、セリフ通り、その場の空気に居心地悪そうにしていました。

黒髪のショートボブ。薄いメイク。周りの女性がノースリーブやワンピースを着る中で、一人だけカジュアルな服装。

僕は、彼女が持つ空気に魅力を感じました。ありきたりな言葉ですが「自分を持っている姿」が、流行のファッションや髪型ばかりを追う僕にはやけにまぶしく感じたのです。

僕は彼女と二人で遊びに行くようになりました。ミニシアターで観る単館上映の映画、店は汚いけどおいしい街中華、シティポップのライブ、本屋のようなカフェで読む小説、たなかみさきの個展。

誘うのはいつも僕からでしたが、場所はいつも彼女が決めてくれました。

僕から提案することもありましたが、それはどこもお上りさんが真っ先に行くような場所で「そこもいいけど、ここに行きたい」とやんわり拒否されました。

でも、それでいいんです。彼女の意見を優先させたかったし、何よりも彼女の知る世界は僕が今まで知らなかった魅力的なものであふれかえっていたのです。

僕は彼女のツイッターやインスタを見たり、雑誌のポパイの東京特集を何度も読み込み、彼女が好きそうなサブカルチャーを勉強しました。彼女が好きな映画は片っ端から観たし、クリープハイプやあいみょんや佐藤千亜妃を聴くようにしました。彼女が観ないというテレビだけは観るのをやめられませんでしたけど。

その成果があったのか、彼女は徐々に素の自分を僕にだけ見せてくれるようになりました。

実はタバコを吸うこと、驚かれるからいちいち言わないけど14歳年上の彼氏と最近別れたばかりだということ、無口だと思われがちだけど本当はおしゃべりなこと。きっと彼女のほとんどの友人達は知らない、本当の彼女の姿です。

ある晩、下北沢の本屋で開催されたトークショーを二人で見に行きました。

初めて僕の提案に彼女が了承してくれた行き先です。舞い上がってしまった僕は、トークショー後に入った居酒屋で飲み過ぎてしまい、終電を逃してしまいました。

路上で吐いてしまう僕を介抱してくれる彼女。彼女はお酒が強いから、すごく情けなかったけど、「しっかりしろよ」と笑いながら小さな手で背中をさすってくれた感触は今でも鮮明に覚えています。

「うち、来る？　ここからだと30分以上歩くけど」

予想していなかった急展開。とうとう僕は彼女から部屋に入るのを許されたのです。

「うん、そうする」

平然を装いながらも心の中でガッツポーズ。コンビニでこっそりコンドームとマウスウォッシュを買い、そのままトイレでこれでもかというくらい口をゆすぎました。

彼女の部屋に到着した頃には時刻はすでに2時を回っていました。

部屋は狭く、テレビはありませんでした。本当にテレビを観ないようです。ハンガーラックには彼女が着ていたのを見たことがあるパーカーやシャツ。本棚からあふれ出た文庫本、窓際には多肉植物。

彼女の部屋は、まさに彼女の好きな物であふれかえっているような気がして、そこに招かれたことに僕は浮足立ってしまいました。

「寝るの、床でもいいよね？」

「もちろん」

座椅子のクッションを枕代わりにして、電気を消します。

大通りから一本だけ入ったところにある2階建てのアパートはずいぶんと静かで、彼女の息遣いまで聞こえてきそうです。


どれくらい時間が経ったでしょうか。10分か20分かもしれませんが、もしかしたら1時間近く経っていたのかもしれません。

僕は、意を決して上体を起こし、ベッドに仰向けで寝ている彼女の横に膝立ちになります。

僕の目の前、手を伸ばせば簡単に触れることができる距離で無防備に目を閉じている。前髪が流れて、普段は隠されているおでこが見えている。

僕は、そっと、そっと手を伸ばし、彼女の頭を撫でます。


「なに?」

びっくりしたような声で発せられた、たった2文字の言葉。僕と目を合わせる彼女。その目は不機嫌そうで、「それ以上は踏み込まないで」という強いメッセージを感じます。

「なんでもない。びっくりした？」

「襲われるかと思った」

なぜそうしたのか分かりませんが、咄嗟に彼女の手を握る僕。

「手、冷たいね」

「冷え性なんだよね。おやすみ」

僕の手から自分の手を引きはがし、背中を向けて静かになる彼女。

僕は、朝まで眠れませんでした。なるべく静かに呼吸をしながら彼女にかかったタオルケットが彼女の呼吸で上下するのをずっと見ていました。

もちろんセックスしたかったですよ。そして、それを許してもらえたと思っていました。だって彼女はいつも楽しそうにしていたし、その日は僕の提案したデートの行き先に初めて賛成もしてくれた。でも、思い込みだった。僕は何も許されていなかった。それどころか、彼女は僕に失望したのかもしれない。

それからの僕は気が引けてしまい、彼女に連絡をしにくくなってしまいました。でも、待っていても彼女から連絡は来ない。恐らく一生ない。

僕はその状況に耐えられず、自分から連絡をして会う約束を取り付けました。ひとまずこの前の夜のことを謝るためです。

ポパイに載っていた、渋谷の雑居ビルの中にあるカフェ。バルコニー席に設置された喫煙スペース。彼女はマルボロメンソールライトに火をつけます。

「東京ってさ、いっつもどこか工事してて、いつまでたっても完成しないね」

バルコニー席から見えるビルの工事を観ながら彼女は言います。これです。この言葉のチョイス。こういうところが彼女の魅力なのです。

「いつも工事してるもんね」

僕はそれだけ返すと、無言の時間が流れます。

「好きです。付き合ってください」

僕の口からその日伝える予定ではなかった言葉がこぼれ出ます。

いつか伝えようと思っていた言葉、伝えたかった言葉、伝えるタイミングを見失っていた言葉。

彼女は動揺せずにタバコを一口吸い込み、煙を吐き出しながら灰皿にタバコを押し付けます。

「私のこと、好きだったの？」

「うん」

彼女の少し呆れたような表情と、僕のマヌケな返事。

「んーとね、あなたが好きなのは、私じゃないよ。うん、絶対に違う」

彼女は頭を掻きながらそう言って、テーブルに千円札を置き、一人でお店から出て行きました。

タバコがくすぶる灰皿から昇る細い煙。取り残された僕と、千円札。

僕は何に恋をしていたんでしょうか。

エモさでしょうね。深夜のコンビニで買うアイス、夜の散歩をしながら一緒に飲む缶ビール、路地裏を照らす街灯、金木犀の香り、野良猫の写真、近所の汚いけどおいしい中華料理屋、下北沢の居酒屋、マルボロ、夏のベランダでやる線香花火、雨の匂い、白いワンポケTシャツ、クリープハイプの曲、たなかみさきのイラスト、深夜のラジオ、文庫本。憧れの街、東京の「エモい」と呼ばれているものに恋い焦がれていたんでしょうねぇ。

深夜のコンビニのアイスはね、みんなセックスした後に買いに行ってるんですよ。彼女が彼氏のTシャツ借りたりしてね。セックスするためには、

Ui's comment

高ぶった気持ちは何に向けられているのか

まずは目の前の人間のエモさではなく、人間性を見て、好きになってもらう努力をしないと。

僕の勝手な予想ですが、きっと彼女は、自分に向けられる愛情に対して平等に愛情を返せる人なんですよ。部屋に男性を泊めるくらいなんとも思ってないんですよ。全部、悪気無くできちゃうんです。さらに、きっと彼女は自分の知らない世界を見せてくれる男性が好きなんですよ。

少し**浮き足立っていると感じるときはその「人」が好きなのか、その人を「形づくるもの」が好きなのか、冷静に自問自答しないといけない**んですよ。

冷蔵庫の中の
サッポロビール

缶ビールの賞味期限はどれくらいなんだろうか。僕の小さな冷蔵庫の端っこには350㎖のサッポロビールが黙って冷え続けている。そのビールは、もう一年以上そこから動いていない。

僕はビールが飲めない。ビールだけじゃなくて、お酒全般が飲めない。コップ半分で顔は真っ赤になり、それ以上飲めば気分が悪くなってしまう。

両親も兄弟たちもお酒には強く、帰省の度に父親は「お前が酒に弱いのは不思議でしょうがない」と何度も同じ話をする。

まるでスポーツドリンクを飲むようにビールを空にしていく家族を見ていると、確かに僕には何かしらのエラーが起こっていると感じてしまうこともある。

でも、これまでお酒が飲めないことで悩んだことは一度もない。大学生の頃は周囲に同じような友人がいたし、会社は飲み会で飲酒を強要されるような社風ではない。

それに僕自身、アルコールを飲む人が嫌いなわけではなく、むしろ飲み会という場は好きだ。お酒を飲む人の様子が徐々に変わっていくのを観察するのもおもしろい。

たまに面倒だなと感じるのは「なぜ飲めないのか？」という質問を受けることくらいだ。あと「二軒目」という概念は理解できない。なぜお酒好きな人はお店を一軒で終わらせることができないんだろうといつも疑問に感じている。

そんな僕でも一度だけ、お酒が飲めたらなと思ったことがある。

去年、マッチングアプリで5歳年下の女の子と出会った。

5歳も年下の彼女はまだ社会人一年生で、僕からはずいぶん幼く見えた。

彼女とは「こんな昔のマイナーな映画なんか誰も知らないだろう」という僕が好きな海外の映画を彼女が知っていたことがきっかけで一気に距離が縮まった。

彼女の口から五十年以上も前の外国の小難しい映画の名前が出たときは本当に驚いたし、うれしかった。映画以外にも好きな音楽や小説や深夜のラジオやお笑い芸人。僕たちは共通点が多く、いつも話は尽きなかった。

少し舞い上がってしまっていたのかもしれないけど、（この人と付き合うことになるんだろうな）そんな気さえしてしまった。

共通点が多い僕と彼女だったけど、大きな違いはお酒が飲めるかどうかだった。

彼女はお酒が大好きだった。僕らにとってデートとは、居酒屋で映画や小説の話をすることで、そこでは当然彼女は大好きなお酒を飲み、僕は飲まない。

それは僕にとって慣れた光景だったし、彼女が飲むことに関してもこれっぽっちの不満もなかった。

ただ、彼女は居酒屋が提供しているビールがサッポロだと喜び、サントリーだとがっかりする人で、僕はその感覚が共有できないことに少し残念なような、寂しいような気がした。

僕たちの関係は、何度デートを重ねても進展しなかった。

話題は尽きないのに、付き合う前の男女が双方に感じる「いい感じの状態」がないのだ。告白してもＯＫをもらえる確証がこれっぽっちもない。

友達に相談したときは意気地なしだの詰めが甘いだの好き勝手言われたが、当事者としてはひいき目無しで見てもあんな状態で告白しろという方が乱暴だと思う。

実際、今考えても当時の彼女が僕にどんな感情を持っていたのかは分からない。

そんなある日、何回目なのか分からないデートの日。彼女は待ち合わせ場所の居酒屋に到着した時点でかなり酔っ払っていた。

仕事で理不尽に叱られたとかで、機嫌が悪く、手にはコンビニで買ったであろう500㎖の缶チューハイを持っていた。

その後も、いつもより飲むペースが速く、最終的には酩酊状態を通り越して泥酔してしまった。お酒に強い彼女があんなに酔っ払ったのはその日が初めてだった。

その晩、僕は初めて彼女を部屋に連れて帰った。はじめは彼女の部屋に送ろうとしたのだが、僕の部屋に来たいと言ったのだ。

飲み足りないと言い張る彼女の要望に応え、自宅近くのコンビニで缶ビールを1本、あとは水だとかゼリーだとかを買って帰った。ビールは彼女が好きなサッポロビールだ。

肩を貸せば自分の足で歩いてくれるのは助かったが、彼女の体重を肩に受けながら自分の荷物、コンビニの袋、そこに彼女の荷物を持って部屋まで帰るのは骨が折れた。

乱暴に靴を脱ぎ、部屋に入るなりソファに横になる彼女。ワンピースの裾が大きくめくれ、露になる脚。

僕の心拍数は上がっていたけど、それは彼女に対してではなかった。単純に荷物が重たかったのだ。

僕は、大きくため息をつくと、少し乱暴に彼女に毛布をかけ、別々に眠った。

その日を最後に彼女とは会っていない。

正直、ずっと気になっていた。気にしないふりをしていたけど、彼女は酔っぱらうと、少しだらしない人になる。たとえばそれは、スカートなのにパンツが見えそうな体勢になってしまうとか、胸元を気にせず前かがみになるとか、付き合ってもいない男の前でふらつくまで酔ってしまうことだ。

そういうのが、本当はずっと気になっていて、彼女が泥酔した姿を見たことで幻滅したんだ。

その時、一回だけ、僕も酒が飲めればなと思った。酔いのせいにしてそのままセックスでもして、彼女と付き合ったり、セフレにでもなれていたのかもしれない。

でも、しなくてよかった。なんか、そんなのはごめんだ。

僕が冷蔵庫に残るあの日のビールを捨てないのは、ただ面倒だからだ。

Ui's comment

好きな人への「期待」のバランス

これはお酒が飲める飲めないは問題じゃないですよね。付き合っていない間柄だとしても、**好きな人には「できればこうあってほしい」という期待をしてしまうことが問題**なんですよね。いわゆる「減点方式」の恋愛の正体でもあります。

じゃあ期待なんかしなきゃいいじゃん、なんて簡単にはいかないんですよ。好きになってしまったら期待しちゃいますもん。

期待する行為自体が自分の理想に相手をあてはめようとしている身勝手な行為だということは自覚している。でも、その期待を裏切られると許せない。これは、恋愛禁止のアイドルに対する期待と似ています。彼女に感じた失望は、器の小さな自分への失望そのもの。

酔っ払う彼女を見る度「無いわ」って感じながらも、必死に見て見ぬふりをしていたと思うんですよね。でも、それも「変わってくれるかもしれない」という期待なんですよね。これが「惚れた側がしんどい」理由だったりします。ここから**解放されるには加点方式の恋愛をするしかありません。**

ちなみに缶ビールの賞味期限は半年から九ヵ月くらいで、期限切れのビールはおいしくないです。そのビールが未練でも、戒めでもないならさっさと捨てましょう。

第4章

道ならぬ恋愛に迷う

浮気、セフレ、二股、体目当て、不倫。こういった「道ならぬ恋愛」は男にとっても女にとっても「良くないこと」という認識は恐らく全員が持っているはずです。それなのに、なぜ世の中から無くならないのでしょうか。なぜ何年も抜け出せない人がいるのでしょうか。渦中の人は今どんなことを考え、抜け出した人達はどんなことをしたのでしょうか。性欲、独占欲、自己肯定欲。そんな人間の欲望がむき出しの体験談にはそれらの疑問の答えが隠されているはずです。

来年、ここに咲く桜を、一緒に見に来ませんか？

去年の四月。桜が散った頃の話です。マッチングアプリで出会った女性とデートをしました。場所は中目黒。焼き肉屋、という括りに入れてしまうのは憚られてしまいそうな、おしゃれなお店です。

正直、僕の給料では気軽に入れないようなお店でしたが、かまいません。なんせ、彼女と会うのはもう三回目だったし、僕は彼女に好意を持っていたんですから。

笑うときに手を口元に持ってくる癖、おいしいと言い目をつむりながら咀嚼する仕草、ハイゲージのニット越しに分かる大きな胸、肩にかけたジャケット、かすかに香る甘い香り。後光って言うんですかね？　決して大袈裟じゃなくて、僕には彼女の全てが輝いて見えました。

本当に、本当に楽しい時間でした。たくさん話をして、たくさん笑って、たくさん食べて、気が付けば僕も彼女も結構な量のお酒を飲んでいました。

泥酔まではいかないのですが、二人揃って立派な酔っ払いです。僕はお酒には強いはずなんですけど、あの夜は、がらにもなく緊張して飲み過ぎたんだと思います。

お会計の際、飴を二つもらいました。コンビニにも売っているようなミントの飴です。

「飴もらったよ。食べる?」

そう言って彼女に一つ手渡そうとすると、彼女は笑いながら

「むいて」

と言うのです。「あけて」でも「だして」でもなく「むいて」です。

僕は慎重に飴の包装をむいて、彼女に手渡そうとすると、彼女は「あーん」と口を開けて待っています。歯にさっき食べた肉片が挟まっていましたが、僕も酔っていたし、彼女も酔っていたし、見ないことにしました。

いいじゃないですか、そんな小さなことは。飴を彼女の口に入れたとき、ほんの2ミリ、0・2秒間、僕の指先が大好きな彼女の唇に触れたことに比べれば、肉片なんか大きな問題じゃない。

僕の手に残ったもう一つの飴を奪う彼女。

「むいてあげる」

そう言って、包装をむこうとしたのですが、手元が狂ってしまったのか、飴は彼女の手を離れてしまいました。ミントグリーン色の飴は黒いアスファルトの上を少し転がった後に、所在なさげにしています。

「あーあ。ごめん……」

彼女は眉を「ハ」の字に下げ謝ってくれました。その表情も、本当に愛おしく感じました。

その後、僕らは二人で川沿いを歩きました。行き先は目黒川にかかる「中の橋」です。東京の方はご存じかもしれませんが、桜の名所である目黒川にかかる橋の中で一番有名な、ドラマのロケなんかでよく使われる赤い橋です。

決めていたんです。そこで告白しようと。時間は終電間際。週末とはいえ、人もまばらです。中の橋の赤色が近づくにつれ上がっていく心拍数。歩きながら何を話していたのか覚えていません。

「来年、ここに咲く桜を、一緒に見に来ませんか？　恋人として」

告白のセリフも準備していたのですが、ちゃんと言える自信がありません。一所懸命考えてきたのに、なんか土壇場で（これでいいのか？　もっとシンプルな告白の方がいいんじゃないか？）なんて考えてしまいました。

それなりに恋愛してきました。もしかしたら人よりも多い恋愛をしてきたかもしれません。でも、どんなに経験値があろうが、本命に対する告白っていうのは緊張するもんですね。

でも、僕にはあったんです。確信が。きっと彼女はＯＫしてくれる。

だってこれまでのデートで毎回楽しそうに笑ってくれていたし、二回目のデートの終わりには「今日はもう少し一緒に飲みたかった」というメッセージもくれました。

今だってこんなに楽しそうにしている。それに、僕たちはさっきから肩や腕が触れるような距離で歩いている。告白が成功しないわけがない。

到着した中の橋は、いつもよりも赤色が鮮やかに見えました。

「ちょっと休憩～！」

突然そう言うと、彼女は橋の中央でしゃがみ込んでしまいます。

「どうした？　気持ち悪い？　飲み過ぎた？」
心配する僕。すると彼女は
「飴、ほしい？」
と聞いてきます。

わけがわからず
「うん」
と答えると。

ディープキス。

彼女から、ベロッベロのディープキス。からの、飴の、口移し。
僕の口腔内に広がるミントの味。肉片の味はしませんでした。どれが飴で、どれが自分の舌で、どれが彼女の舌なのか曖昧になる世界。

いや、あのときのキスは、どこからが自分で、どこからが彼女で、どこからが中目黒なのか、その輪郭さえ曖昧になりました。キスを止め、彼女と目を合わせる。


「ねえ、家、近いんだよね？」

「タクシーで10分ちょい……かな」


その後、僕の部屋でむちゃくちゃセックスしました。

朝、彼女がベッドから出る気配で目を覚ます僕。

「ねえ、俺ら、付き合ってみる？　桜とか見に行きたくない？」

せっかく考えていた告白はタイミングも形もずいぶんと変わってしまいました。

彼女は床から拾い上げたブラをこちらに背を向け装着しながら「桜？　散っちゃったじゃん？　付き合うのは考えとくー」

彼女とはそれっきりです。

Ui's comment

簡単に忘れられる失恋よりも、忘れられない大失恋を

いや、何の話？

でも、ありがとうございました。いい話でした。いい失恋でした。いい夜でした。そんな夜をいくつか越えて、男だって学習するんです。身体目当ては男だけじゃねぇぞ、っていうことに。「本命が身体目当てだった」というダメージは女性だけのものではなく、男性にも大きな傷跡を残すんですね。きっと、これから毎年中目黒の桜が咲いたニュースで思い出してしまうんでしょうね。

でも、たとえそれが道ならぬ恋愛だったとしても**忘れられないってことは、悪いことじゃないですよね。本気だった証拠だし、簡単に忘れることができるような失恋よりもずっと価値があるし、糧にもなるはず。**そうやって割り切らないと前に進めないときが大人にはあるんです。

コロナウイルスが蔓延する二〇二〇年の東京。どうせ中目黒の桜は、今年は見られませんでした。

「来年、ここに咲く桜を、一緒に見に来ませんか？恋人として」

その告白、僕はいいと思います。ステキだと思います。どうか、いつか中目黒の桜を、赤い橋から誰かと見られますように。

五年目の告白

「ねえ、彼氏とは順調？」

私の不倫相手は何度も何度も同じ質問をしてくる人でした。

もう一年も前に終わった話です。記憶が曖昧な部分もあります。でもそれは、時間の経過と共に曖昧になったというよりは、私の中でなるべく早く「なかったこと」にしたい記憶だからなのかもしれません。


23歳から五年間、不倫をしていました。相手は一回り近く年上の会社の上司です。

新卒で入社後、彼の部署に配属され、たくさんの仕事を彼から学びました。

いつも私のことを気にかけてくれて、時には私のミスが原因で起きたトラブルなのに一緒に取引先に謝りに付いてきてくれたこともあります。

頼りがいがあって、誰よりも仕事をして、褒めるときは大袈裟に褒めてくれて、緊急事態にも冗談を忘れない人。

気が付けば私は、上司としてではなく、彼の男性としての魅力に惹かれていました。

入社後一年が経過し、彼と不倫関係になりました。きっかけは出張です。

私にとっては研修も兼ねた初めての同行出張でした。日中は取引先を回り、夜、一緒に食事をして、いつもと違う環境に開放的になったのか、飲み過ぎていたのか曖昧ですが初めて身体の関係を持ちました。

不倫する友達をあんなに軽蔑してたのに、自分が当事者になってみると「一回きり」だの「本気じゃない」だの都合のいい言い訳はいくらでも集めることができました。

当然、一回きりで終わらず、都内でも密会をするようになり、五年も関係を続けてしまいました。

仕事では誰にも気付かれないくらいのえこひいきを受け、みんなが尊敬する社内で人気者の彼を独り占めできる私。そんな日々が本当に楽しかったです。

不倫をする側になってみると、「こんなに楽しいんだから、不倫ってみんなが言うほど悪くないものなのかもしれない」とさえ思えるようになっていました。

そんな中、私に恋人ができました。

彼は恋人じゃなくて不倫相手ですから。私にだって彼氏をつくる権利はあります。コンパで出会った2歳年上の人でした。大きな商社に勤めていて、語学が堪能で、一年の半分を海外で過ごす忙しい人。

会う頻度は多くはありませんでしたが、大きなケンカもなければ別れ話も出ない、悪く言えば少し退屈、良く言えば安心できる人です。

「彼氏と結婚しないの？　そろそろ結婚とか意識する年齢でしょ」

上司から結婚というフレーズが出たとき「ああ、新卒二年目から不倫してるけど、もう私28歳なんだ」という事実を突きつけられたような気持ちになりました。

「彼とは順調なのか」「前に会ったのはいつだ」「次はいつ会うんだ」上司は何度も同じような質問をしてきました。

その全ての質問に正直に答えました。結婚のことを聞かれる度に私は「結婚の話、出ないことはないけど……まだお互い仕事をがんばりたいし、少し先になると思います」と同じ回答を繰り返しました。

そんな不倫関係に終止符を打ったのは私です。彼が社内の別の女性に手を出しているらしい、という噂を聞いたからです。

問い詰めると、それは事実でした。

「なんでそんなに怒ってるの？　俺には家庭があるけどさ、そっちも彼氏がいるんだから、俺たちは割り切った関係でしょ」

彼は悪びれる様子もなくそう言いました。

彼の言う通りです。私には、彼を問い詰める権利なんてなかったんですよね。

その後、私は転職をして不倫関係に完全に終止符を打ちました。

ここまでが私の不倫の話です。きっと日本中で行われている、どこにでもある、ありふれた話です。

でも、私、いなかったんです。彼氏。2歳年上の、語学堪能な、商社に勤める彼氏なんて存在しなかったんです。

不倫していたことは事実です。でも私は彼と不倫している間、一日たりとも彼氏がいた期間なんかありませんでした。

だって悔しいじゃないですか。彼には帰る場所があって、私には無いなんて。

「彼氏ができた」彼にそのことを報告したとき、喜んでくれました。

「どんな人なんだ」「どこに勤めているんだ」「関係は順調なのか」何度も何度も聞かれました。その度に私の中の架空の彼氏像は明確になっていきました。

「彼氏とどっちが気持ちいい？」セックス中に何度も聞かれました。

私は「あなたのほうが気持ちいい」と答えていたけど、彼氏いなかったから本当はわかんないや。


彼、滑稽ですよね。本当は私に彼氏なんかいないのに。

これが五年続いた不倫への、私を選ばなかった彼への、私のささやかな抵抗です。

Ui's comment

最高の不倫相手

残念なお知らせをしなければなりませんが、これぽっちも抵抗できてないんですね。

なぜなら、上司は「寝取り」という性癖を持っていたからです。**何度も彼氏のことを聞いてきたり、セックス中に「彼氏と俺、どっちが気持ちいい?」って確認してくる男は、他の男の彼女や嫁を寝取ることに興奮するやっかいな性癖を持っているんですよ。**割といますよ。寝取り好き。寝取られ好きもいますけどね。

つまり、抵抗どころか彼にとって自分の性癖を満たしてくれる最高の不倫相手になっていたんだと思います。理想の不倫相手の条件って「離婚を迫ってこない」とか「若くてかわいい」とか色々ありますが「性癖を満たしてくれる」って最高の条件ですからね。だから五年間も続いたのではないでしょうか。

でも、もういいんですよ。終わったことですもんね。

不倫は、環境破壊、戦争、差別と一緒のラインにあります。絶対悪です。ついでに言うと自分の部下を抱く男もクズです。20代後半における五年の不倫はちょっと長くて重いけど、上司との不倫という絶対悪からよくぞ無事に帰ってこれました。それだけで、よしとしましょうよ。

不倫戦争、勝利の果てに

「三月末で嫁とは離婚することになった」

ようやく、ようやく聞けた。ずっと聞きたかった言葉。何百回も聞かされた「たぶん」とか「かも」が付いた憶測ではなく、最終的な決定事項。

これで五年間の不倫生活にピリオドを打ち、私と彼は不倫関係から恋人同士になれる。26歳から31歳。この五年間は重いのです。

不倫はしてはいけないこと。そんなこと言われなくても分かってるんです。

私だって彼と関係を持つ前は、結婚している男の人と平気な顔して「付き合っている」って言ってしまう女友達をもれなく心の中では軽蔑していました。

だから、彼が結婚していることが分かったとき、ショックだったけど、本気で悩んで、真剣に考えて、決めたんです。絶対に、絶対に彼と一緒になることを。

私は軽々しく不倫する女とは違う。物分かりが良くて、がまん強くて、健気で、都合のいい女なんかじゃない。ちゃんと正々堂々と——不倫に正々堂々なんて概念持ち込むのは変かもしれないけど——彼を奪ってみせる。そう決めたんです。

もちろん「略奪愛をした女」というレッテルを貼られることは覚悟の上です。それくらいの覚悟も無く不倫はできない、そう何度も自分に言い聞かせました。

「嫁とはうまくいっていない」「お互い別れるつもりで子供は作ってない」「前にセックスしたのはいつか忘れた」彼の言う通り、奥さんとはずいぶん前から不仲だったようで、それを証明するように彼は私に時間を割いてくれました。

週末だって会えることがあったし、北海道に泊りで旅行にも行きました。時々、彼が既婚者であることを忘れることもありました。

正々堂々と、と決心したものの、何をどうするのがいいのか分かりませんでした。ただ、何度も何度も離婚を迫る女が幸せになれないのは周囲を見れば明らかでした。

多くの場合、離婚も結婚も迫れば迫るほど男は逃げていくんです。私は数ヵ月に一度、「私は一緒になりたいから信じて待つね」ということを彼に真剣に伝えます。それ以外はしつこく離婚を迫ったことはありません。

彼は毎回「たぶん」「かもしれない」「だと思う」という憶測を交えて未来のことを

話してくれました。私はその話を毎回真剣に聞き、忍耐強く待ちました。

結局、彼が奥さんに離婚を切り出すまで三年、実際に離婚するまで二年もの歳月が必要でした。

不仲で、お子さんもいない夫婦がなぜこんなに離婚するまで時間がかかったのか分かりません。でも、一番ほしかった結果を手に入れられたのですから、彼にも、私にもOKを出すしかありません。

恋人になれた日々は最高に幸せでした。誰に何と言われようと、私たちさえ堂々と幸せそうにしていればいい。これからは二人の未来のことだけを考えればいいんだ。私は五年も彼を信じて耐え忍んだんだから報われるべきだ。ようやく本当のスタートラインに立てたんだ。そう思っていました。

それからわずか半年、彼は私の元から去っていきました。

別れの理由は「他に好きな人ができた」という、恋人のお別れの理由としてはこれ以上ないくらい真っ当すぎる理由。

「俺たちは不倫関係から始まったけど、普通の恋人になって、普通に付き合って、普通に今、別れ話をしているんだよ」

彼から言われた言葉です。

あれから間もなく一年が経過します。

ようやく「彼は奥さんとも私とも別れた」という事実を受け入れることができましたが、冷静に考えることができる今になっても、彼との別れには納得していません。

納得するも何も、何がなんだかよく分かっていないのです。

私は、彼と出会って、不倫だったけど愛し合って、彼は離婚した。

結婚する約束なんてしていなかったけど、彼が離婚したのは私と結婚するつもりだったからだと思っていました。

不倫して、ほとんどの男性が最終的には家庭を選ぶ中、彼は離婚を選んでくれた。

でも、私のことも、選ばなかった。

私は、何をしたんでしょうか。

この5年間はなんだったのでしょうか。

彼は何がしたかったのでしょうか。

Ui's comment

バツイチには2種類いる

「不倫相手と恋人では求めるものが違う」という話がありまして、不倫相手にはぴったりの女性がいざ恋人となるとしっくりこないという、割と酷なお話なんですけど、不倫相手が離婚後に誰も選ばないのは珍しいことではありません。

たぶん、離婚した彼は手にしたんですよ。自由を。結婚するときに一度は手放したはずの「独身」という名の自由を再び手に入れたんです。

バツイチの人って性別を問わず2種類のタイプがいますよね。一つ目は彼のように目の前に広がった自由を謳歌する人。もう一つは結婚生活の楽しい思い出が忘れられず、すぐに再婚する人です。

言わずもがな彼は前者だったんですよね。きっと彼が言う通り、結婚生活は本当に苦痛だったんでしょう。離婚にも時間がかかっているし、静かな、「絶対に離婚なんかしてあげない」みたいな冷戦のような修羅場もあったんだと思います。

それらのしがらみから解放され手にした自由は、思っていたよりも楽しく、もっと自由に、結婚にとらわれず恋愛したいという欲求が出て、リセットボタンを押してしまったのかもしれません。そして、彼自身、その欲求は独身に戻ってみて初めて気付いてしまった想定外のものだったのかもしれませんよ。

セックスはソファで

「俺、ここでするの好きなんだよね」

あなたはいつもソファで私を抱きました。

月に二～三回、金曜日に連絡がきたら、彼が暮らす新築の賃貸マンションに向かいます。

一人暮らしには広すぎる2LDKの部屋、ほとんどが新品だと言う家具家電。大きな冷蔵庫はいつも空っぽで、私がお酒やお菓子やおつまみを買って行く。

大きな紺色のソファに並んで座り、壁に取り付けられたテレビで映画を観て、シャワーも浴びずにそのままなんとなく始まるセックス。

泊まることはせず、全て終われば電車が動いているうちに私は帰宅します。私はそれを「お家デート」と呼んでいました。

「そっちは寝室だから入らないでね」

私が初めてあなたの部屋に来た日に言われた言葉です。

無断で寝室に入ろうとしたわけではありませんが、あなたは寝室に入られることをひどく嫌いました。ソファ、お風呂、キッチン。あなたとは色々なところでセックスをしましたが、寝室にあるであろうベッドでセックスをすることだけは、一度もありませんでした。


あなたには遠距離恋愛中の恋人がいました。

「会う頻度は徐々に減ってきている」とか「俺は遠距離恋愛には向いてないみたいだ」とか「どんだけ長い間付き合っていても物理的な距離が離れると気持ちも離れる」とか。私はあなたの言葉を素直に受け止め、将来の希望に変え、努めて都合のいい女に徹しました。

とにかく今は我慢のとき。健気で、献身的で、一番近くにいる女であり続ける。決して一番になりたいとか、そんなことは迫らない。今はセフレでいい。本命は放っておいてもいつか陥落する。

ＬＩＮＥの返信が遅くて、全然マメじゃないあなたは本当に遠距離恋愛には向いていないと思う。洗面所に並ぶメイク落としや化粧水はいつか私のものと入れ替わる。だって私はあなたのことが好きで、あなたも私を好きだと言ってくれる。だから大丈夫。きっと大丈夫。

「みゆきちゃんごめん！　来月から彼女と住むことになったからしばらく会えないかも。タイミング合えば違う場所で会おうね！」

その連絡を見て、私は生まれて初めて「は？」という大きな独り言がもれました。何の前兆もなく、何の悪びれもなく、あっけなく終わった関係。あなたには言いたいことはたくさんあって、でも、所詮セフレの私にはそんな権利なんかありません。

でも、私の名前「みゆき」じゃなくて「さなえ」ね。

ねえ、何をどうやったら「みゆき」と「さなえ」間違えるの？　普通、もっと似た名前とかで間違えるんじゃないの？　もしくは彼女の名前と間違えるんじゃないの？でも、彼女の名前って「ともみ」だったよね。どういうこと？　突然の「みゆき」とやらはどこの誰？

もう、こんな結末なら勝手に洗面所の高い化粧水バシャバシャ使っておけばよかった。ブラシに髪の毛絡ませておけばよかった。グラスとかカップ全部に私のリップつけとけばよかった。手持ちのピアス全部持って行って、色んなところに落としていけばよかった。思い切って下着も忘れていけばよかった。

最後の最後まで聞けなかったな。なんでベッドでは一回もセックスしてくれなかったんだろ。本命はベッド、セフレたちはソファって決めてたのかな。そうだよね。それしかないもんね。セフレでも、せめてベッドで抱いてくれるセフレにしてほしかった。みゆきちゃんよりは私の方が会ってた回数多いのかな。みゆきちゃんはベッド使ったのかな。使っているわけないか。

けっこう好きだったな。今でもまあまあ好きだな。でも絶対に会ったらダメなパターンだよね。

惚れたほうがしんどいんだもんな。悔しいな。

ベッドでしたかったな。

Ui's comment

セフレから本命に昇格するのは修羅の道

シンプルに、寝室にはベッドが2台あったんじゃないですかね。彼女と一緒に暮らすのはずっと前から決まっていて、だからやけに広い部屋に住んだりしてたんじゃないですかね。もしかしたら結婚も決まっていて、新婚生活を送るための部屋だったんじゃないですかね。違いますかね。全部想像ですけど、そうやって仮定すると家具家電に新品が多いこともつじつまが合いませんかね。でも好きになるとそういった部分って冷静に見れなくなっちゃいますもんね。

ところで、セフレから本命に昇格するのって至難の業でして、健気だけじゃ絶対に無理なんですよね。本命に昇格するような手練れのセフレって、本当に虎視眈々と計画的にその座を狙っていて、本命のメイク落としとか化粧水の減り方をチェックしてますからね。本命が何回くらい部屋に来ているか判断するんですよ。

彼女たちはセフレでありながら**決して都合がいい健気だけが取り柄の女にはならず、彼の独占欲をコントロールして「他の男に渡したくない」と思わせるように立ち回る**んです。

でも、そんな修羅の道を行くより、普通に大切にしてくれて、当たり前のように寝室に迎え入れてくれる人と一緒になってほしいなと願います。

第5章

男と女が別れるとき

出会い、惹かれ合い、一緒に生きて愛し合った二人が別れを選択する。何がどうなったのか、「大好き」と言っていた人から「死ねばいいのに」と言われる。別れても好きな人がいれば、二度と顔も見たくない人もいる。時間が経てば顔も思い出せなくなる人もいれば、いつまでも鮮明に記憶に残り続ける人もいる。それらは全て「どうやって出会ったか」や「どう付き合っていたか」ではなく「どんな別れだったか」が大きく関係しています。別れ際にはいつだってドラマがあるのです。

か弱き彼氏

「急だけど、今から入院することになった」

その連絡を受けた私は慌てて会社の飲み会を抜け出し、まだ電車はありましたが彼の部屋までタクシーを飛ばしました。

怪我なのか？　病気なのか？　どこの病院なのか？　いくらメッセージを送っても返信がないことが不安に拍車をかけます。

彼の部屋から近い順番に病院を調べ、彼が入院していないか問い合わせもしましたが、結局どこの病院か分からず、時間だけが過ぎていきます。

運転手さんに心配されましたが焦りや苛立ちから「ちょっと話しかけないでください」と冷たく返事をしてしまいます。

一万円近くかかってようやく到着した彼の部屋は電気が消えています。付き合ったばかりの私は合鍵も持っていなければ、彼の交友関係もよく知りません。

しかたなく駅前のドトールでコーヒーを飲みながら彼からの連絡を待ちましたが、何時間待っても連絡はなく、どうしようもないので閉店と同時に自宅へと帰りました。

「もう平気！　心配かけてごめん！」

翌朝、彼からの連絡に一安心。

病院を探したことや、居ても立ってもいられなくなり部屋まで行ったことを伝えると「なんかウイルス性の腹痛みたいなやつで、入院っていうか、点滴とかするために一晩泊めてもらっただけだから、たぶん正式な入院扱いにはなっていないんじゃないかな。とりあえずびっくりさせてごめんね」と、少々ハッキリしない答え。

でも大事に至らなくて本当によかったです。

別の日、私が友達の結婚式に出席した日です。懐かしい顔が揃いお酒も進み、二次会から三次会に流れるタイミングでした。

「ちょっと怪我しちゃって、今から病院行ってくる」

時刻は22時を過ぎていたと思います。

「どうしたの？　怪我？　大丈夫？」慌てて連絡をしますが返信が無い。電話にも出ない。あの日と同じように会場から抜け出し彼のマンションまでタクシーで行きますが、部屋の明かりはついていない。デジャヴ。

ドトールでコーヒーを飲みながら待つも連絡がなく、自宅に戻る私。翌日彼からの「心配かけてごめん！　大したことなかった」の連絡。どこまでもデジャヴ。

一週間後、ようやく時間ができて彼に会いに行きましたが、手首には包帯が巻かれていました。

「ちょっと風呂場で手首捻ったただけ。折れたと思ったけど大したことなかった」

大したことなくて本当によかった。

これで終われば日常のささいなトラブルです。

でも、これで終わりませんでした。続いたのです。

病院騒ぎは二回だけですが、私と会わない週末、彼からは高確率で何かしらの病気やケガの報告が来ます。

さすがに違和感を覚えた私は、彼から連絡が来る日時と症状を記録することにしました。すると、ある傾向が見えてきたのです。

まず、平日はとても健康に過ごすこと。そして、週末であっても、私が帰省や仕事で会えない日は連絡が来ないこと。

女友達と会う日は高確率で連絡が来るけど、「歯が痛くて寝れない」や「自転車とぶつかった」や「わき腹に謎の痛みがある」など比較的軽症なこと。

そして、仕事の飲み会や、同窓会や結婚式の二次会など、不特定多数の男性がいる予定のときは「めまいがして動けない」「朝から嘔吐が止まらない」など重症になることが把握できたのです。

一番の重症は「記憶喪失」でした。「過去三日間くらいの記憶が所々ないんだ。脳に何かしら異常があるのかもしれない」って、なんなん。「今日、土曜日だったんだね。朝、水曜だと思って会社行ったら誰もいなかった」ってなんなん。一大事じゃん。

病気や怪我のレパートリーが無くなると超常現象が発生しました。印象深かったのは「部屋に誰かが侵入していたっぽい」です。私が会社の飲み会の日です。彼が自宅に帰ると部屋の様子が明らかにおかしいと言うのです。

「それ、警察呼んだほうがいいやつだよ」当然私はそう伝えますが、何度言っても彼は警察を呼ぼうとはしません。「気のせいか」「いや、絶対におかしい。明らかに変だ」

「まだ部屋にいるのかもしれない」「たぶん実体のないものなんだ」そんな連絡が来ます。私は、その得体のしれないものよりも、あなたが怖い。

そもそもね、ウイルス性の腹痛ってなんだよ。一晩で治るものなの？　数日間、嘔吐とか下痢とか繰り返すんじゃないの？　なったことないから知らんけど。翌日、インスタにラーメンの画像アップされてたけど、あれは大丈夫なんか？

そんで、手首な。風呂場で手首捻るって、どういう体勢？　あの狭いトイレと一緒になったユニットバスで身長182センチ、体重80キロのあなたが手首捻るってどんな状況？　それに、手首捻った翌週の包帯、全然固定できてなかったからね。あなたはスポーツと無縁の人生だったから知らないんだろうけど、私はバスケを小学生から十年間やっていたから詳しいんだよ。手首を捻ったら添え木の機能があるサポーター巻かれるんだよ。ペラペラの包帯だけ巻くことはあり得ないの。巻いたとしてもそれは湿布とかを固定するだけのもの。

34歳の彼。私よりも8歳も年上の、大人の男性。

マッチングアプリで知り合って、初めてデートする日に、アゴに絆創膏貼ってたんです。髭剃りに失敗したとかで。

「なにそれ、大人なのにかわいい」

しっかりしてそうで、大柄な彼が見せたギャップに魅力を感じたんですよね。あれが全ての始まりなのかもしれません。彼はただの大きな子供。お金持ちの家に産まれ二人の姉がいる、甘やかされて育った末っ子。真正のやきもち妬きのかまってちゃん。別れるときもさんざん泣いて、吐き気がするとか、腹が痛いとか、古傷が痛むとか、目が痛くて開けられないとか、みぞおちに謎の痛みがあるとか、これまでの病状オールスター勢ぞろいだったよね。

別れてからも「生きていてもしょうがない」とか「好きな人に会えなくなることは、どんな病気よりもしんどいね。僕はどんな名医にも治療できない病気になったんだ」という謎の病気ポエムまで送ってくる始末。

彼から学んだもの。男に必要なのは心身の健康。

以上！

Ui's comment

やきもちも愛情も伝え方で形が変わる

恋人に対してやきもちを妬くこと自体は全然悪いことじゃないし、それは愛情があるからこそ発生する感情だと思うんです。でも、男性も女性もその伝え方が歪んでしまう人がいますよね。

彼の場合は「やきもちを妬いている俺」を見せたくなくて、器の小さい男だと思われたくなくて、仮病という手段を選んだんでしょうね。こういう人って、ただの風邪でも不治の病にかかったような大騒ぎをする人だと思います。

やきもちを妬いてしまったら、不機嫌にならず、ウソもつかず、男も女も「はい！　実は！さっきやきもち妬きました！」って素直に伝えることができればいいと思うんですけどね。

あと、女の人って男性がポロっと見せてしまうかわいい一面に魅力を感じたりしますよね。でも、そこに自主性があってはいけないんですよね。男の人の「これかわいいでしょ」っていう自主性。あれをされると湧き上がる感情は「きしょい」以外の何物でもないんでしょうね。なにそれ、すごい雲泥の差。

何事も伝え方が大事。伝え方を間違えてしまうだけで「かわいい」が「きしょい」になり「好き」が「キライ」になるんですから。

あなたを見る度、思い出します

「これ、昔の彼女と撮影したやつなんだよね。全部消したと思ってたのに、消せてないやつがあったみたい」

間違えて再生された動画は、いわゆるハメ撮りと呼ばれる、セックス中の様子を撮影したものでした。

慌てて動画を止めようとする彼氏。しかし慌てれば慌てるほどスマホは手の中で滑り、アンアンという喘ぎ声はなかなか止まりません。

動画の中、全裸で一所懸命腰を振っているのは、どこからどう見ても私の彼氏。でも、その相手は恋人である私ではない、知らない女。

「なんか、あるじゃん。面白半分でさ、撮影してみようっていうノリになってさ、一回くらい撮影すること、あるじゃん。すっかり忘れてた」

みんな一回くらい撮影したことあるでしょ、みたいな前提で言うけど、私には理解し難いプレイだし、仮に頼まれてもごめんです。

でも、まあ、あなたが昔の彼女とどんなプレイをしようが、私に責める権利はありません。浮気をしているわけでもないし、消し忘れた動画が手違いで再生されてしまったのは、私にとっても、あなたにとっても、そしてアンアンと喘ぐ昔の恋人にとっても不幸なことです。見なかったことにしましょう。全員で損して、全員で忘れましょう。それしかありません。わりと冷静なもんです。

でも、ちょっと待って。タイム。なんか気になる。

私とあなたは付き合ってもう六年だよね。そしてあなたは私と付き合う前、恋人が一年いなかった。つまり、さっき十数秒流れた動画の中、お尻丸出しで一所懸命腰を振っていたあなたは少なくとも七年前のあなたということになります。

今、目の前で居心地悪そうにしているあなたは33歳だから、はあはあと息を切らせて腰を振っていた動画のあなたは26歳というわけです。

「ねえ、動画、消す前に一回ちゃんと見せて」

「え？　なんでなんで？」

あなたは何かしら都合が悪いことがあるとき、言葉を二回繰り返す癖があります半ば脅すように動画を再生させます。動画の長さは12分。ハメ撮りとしては長いのか短いのかよく分かりません。

まず、真っ先に確認したのは彼氏の顔。本当に七年も前の動画なら、動画の中の彼は今よりもずっと若いと思ったんです。でも、正直よく分かりませんでした。若いような気もするし、今と変わらないようにも見えます。

よく分からない理由は、動画が思ったよりも暗く、彼の顔がしっかり確認できないということもありました。暗い中、わずかな光源で撮影されているようです。その光源は、チカチカしているから、恐らくテレビ。

私は、何度も何度も動画を再生します。一時停止と再生を繰り返し、隅から隅まで注意深く観察します。ふと、アンアンと喘ぐ女以外に、別の女の声が聞こえることに気付きました。

この動画には、喘ぐ女、腰振る彼氏以外に別に登場人物がいる?

いや、テレビだ。

照明代わりになっているテレビの声を拾っているんだ。

ボリュームを上げる。大声で女が喘ぐ。喘ぎ声の切れ目に聞こえる声には聞き覚えがある。上沼恵美子だ。この無遠慮な声、間違いない。大阪で生まれ、吉本新喜劇と上沼恵美子を見て大きくなった私が聞き間違えるはずがない。全神経を耳に集中させる。

鮭だのスープだの聞こえる。料理をしている。そうか、『上沼恵美子のおしゃべりクッキング』だ。そして、上沼恵美子が何度か呼ぶゲストの名はダイアモンド✡ユカイ。お前、『上沼恵美子のおしゃべりクッキング』のダイアモンド✡ユカイがゲストの回、先月じゃねえか。

これが数年前体験した私の修羅場です。あの後、観念した彼は素直に浮気を認め、私たちの関係は終わりを告げました。

上沼恵美子様、あなたのおかげで私は彼の浮気に気付くことができました。

あれからもう何年も経つのに、テレビであなたをお見かけする度に、私はあの日のことを思い出し、少し寂しいような気持ちになります。

でも、あなたのおかげで最低な男と別れることができたのです。

ありがとうございました。

Ui's comment

「女の勘」は悪い予感でしか当たらない

たぶん、浮気って昔よりもはるかにバレやすくなったんでしょうね。動画も画像みたいにプロパティまで見れば撮影した時間とかはすぐバレるようになってますよね。

ところで女の勘って「悪いことを当てる」ときだけ発動しますよね。告白されそうとか、プロポーズされそうとか、そんな「いい予感」はみんな外してますよね。

「女性は不安を感じると浮気して、男性は安心感を感じると浮気する」という定説があります。

多くの男性は「仕事も充実している、恋人もいる、お金の心配もない。さて、浮気でもするか」

となるわけです。当然このとき、女性は男性を愛しているので、普段の行動をしっかり見ている。そこにわずかな変化があれば敏感に察知する。これが「女の勘」と呼ばれるものの正体です。つまり**「悪いことが起こるときの女の勘は当たる」というのは割と信憑性がある**のです。

恋愛の経験値とは関係なく、女性ならもれなく持っている危険察知能力でもあるので、決して気のせいと片付けてはいけないのです。

あなたが悪者になってよ

別れ話をするときって、振る方が悪者にならないといけないよって学校で教えるべきだと思うんです。

別れを切り出す側って、別れを決心してから水面下で準備を進めるじゃないですか。立ち振る舞いや表情を変えて、言葉を変えて、相手に少しずつ別れの「気配」を伝えますよね。

はじめはその「気配」は、体調でも悪い？　なんかあった？　という「心配」になり、最終的には別れの「予感」という形になる。そしていよいよ別れを切り出されたときには「やっぱりね。そうだよね。そんな予感はしてたよ」っていう「確信」になり、悲しい気持ちが出てきたり泣けてくるわけですよね。

この「予感」があるからこそ、人はそれが現実だったときに素直に受け入れることができたりするのでしょうか。

でも、たとえ悪い予感がしても、それが恋人とのお別れとなると、心のどこかでは「きっと気のせい」「彼は仕事や家族のことで悩んでいるのかもしれない」っていう一縷の望みを抱いたりするものです。

というわけで、私の悪い予感は見事に的中しまして、彼氏に振られてきました。

歯が痛くなってから丁寧に歯ブラシをするみたいに、嫌な予感がしてから精一杯のいい女を演じたんですけど、何もかも手遅れでした。七年も付き合った彼氏でした。結婚する予定の彼氏でした。

「また修羅場がやってきたのか。今度はなんだ」

別れ話を切り出されたとき、私は心の中でそう思いました。

付き合って三年目に彼が浮気をしたことがあります。散々話し合って、色んな偶然が重なった計画性のない浮気だったので、なんとか二人で一緒に歩いていく道を見つけることができました。

二度目の修羅場は忘れもしない、付き合って六年目のクリスマスです。結婚するしないで別れ話に発展するくらいぶつかりました。あのときも私たちは二人で話し合い、一緒に歩いていく選択肢を探し出したのです。

どこにでもある、きっと世の中のたくさんのカップルが乗り越えてきたであろう、ありきたりな修羅場です。だから、はじめ彼から「話があるんだ」って言われたときも、また二人で乗り越えられる修羅場がきたと思ったんです。

それなのに、彼の大事な話は「距離を置きたい」という「別れたい」という言葉を中途半端なやさしさで包んだ言葉でした。

確かに悪い予感はしていたんですけど、本当に彼が、別れるっていう選択肢を持っていたなんて思わなかった。

彼は、最後まで一度も「別れたい」という言葉を言いませんでした。悪いのは俺、あなたは悪くない、嫌いになったわけじゃない、嫌いになんかなれない、でも距離を置きたい、二人のために。

距離を置くとは、しばらく会わず、連絡も取り合わないということ。

では、その期間は？　期間は分からない。すぐに会いたくなるかもしれないし、もう会えなくなるかもしれない。それは今は分からない。

しまいにはメソメソと泣き出し、ごめん分かってくれ、の一点張り。

情けないですよね。38歳の男が、七年も付き合った34歳の女にハッキリ「別れたい」の一言が言えないなんて。ひどい。

あのね、振る側はね、涙っていうのは絶対に絶対に見せちゃいけないんだよ。だって、振る側なんだもん。振られる側にその権利は譲らないといけないと思う。準備してきたんでしょ？　別れる決意をして、見つからないように水面下で準備を進めて、態度を、言葉を、頻度を変えて、ゆっくり、でも確実に、準備してきたんでしょうに。

なんかさ、私が悪いことしてるみたいじゃん。泣きたいのはこっちだけど、あなたのそんな情けない姿見てたら泣けないよ。最後、なんかよく分からなくて笑っちゃったじゃん。

それに、私はどんなに悪い予感を抱いても、ずっと気のせいだと信じてきたんだよ。それは、あなたのことが本当に本当に大好きで、別れるなんていう未来を私は一度も考えたことがなくて。だから、あなたが浮気しても、34歳の私に「結婚はもう少し先かな」とか平気な顔して言っても、好きだから全部許してきたんです。

別れるなんて選択肢、無かったのは私のほうなんです。

それなのに、別れを切り出しておきながら悪者になろうとしないなんて、ひどいじゃないですか。

メンヘラみたいに「そんなこと言わないで、別れるって言わないで、全部直すから、私の悪いところ全部、直すから」って言えればよかった。言えばよかった。すがればよかった。最後、笑って、じゃあねってバイバイしちゃった。


あなたはいつもやさしくて、食べたいもの、行きたい場所、見たい映画。いつも私を優先してくれた。

あなたは本当にやさしくて、いい人だった。


一番最後に、一番やさしくしてほしかった。

Ui's comment

振るのなら「死ねばいいのに」くらい嫌われるのが礼儀

別れ際にその人の本当の価値が表れると思っています。

自分は悪者にならずに、どうにか「別れた」という結果がほしくて「嫌いになったわけじゃない」だの「一回距離を置きたい」だの「お互いのため」だの御託を並べる人がいます。振られる側ってその人のことが好きだから、そういった言葉に希望を抱いてしまうんですよね。最悪の場合、その言葉が何年も鎖になってしまうことだってある。

一度は一緒に過ごした恋人とのお別れくらい、なんとか正直に、誠実でありたい。**その人が次の一歩をなるべく早く踏み出せるように「死ねばい****いのに」くらいの嫌われ方をするのが本当のやさしさ**なのかもしれません。そのために必要なのは、別れるときには「状況」ではなく「感情」を伝えることなんですよね。

そして、振る側の涙っていうのは「自分のことを好きだと言ってくれる人に対する別れ」だから出るんですよね。「好きな人と別れる涙」ではないんです。伝わりますかね。「自分のことを好きな人と別れる」と「自分が好きな人と別れる」これ全然違いますからね。自己陶酔に近いものがあると思うんですよね。そんなの、何回考えてもちょっとずるいですよね。

最低な夜に買った炊飯器

電気を点けなくても部屋の中が変わった気配は感じ取れた。予告通り、彼女が家から出て行ったのだろう。

今日、二年間の同棲が終わりを告げた。

どうせならと奮発して大きめにしたテレビ、東芝のオーブンレンジ、ダイソンの掃除機、無印良品のテーブル、名前は忘れたが観葉植物が二つ、シーサーの置物も無くなっている。同棲前に挨拶に行った彼女の実家がある沖縄で買ったものだ。

駅から徒歩16分の2ＬＤＫの部屋がずいぶんと広く感じた。

何もかも持って行ったかと言えばそうじゃない。彼女がどんな判断基準で持って行く物と置いていく物を選別したのか分からない。

新刊が出る度に交互に買っていた宇宙兄弟のマンガは奇数巻だけが残っていたが、無くなっているダイソンの掃除機は同棲前から僕が使っていたものだし、キッチンに残っている電子ケトルは彼女が買ったものだ。

考えても正解なんか見つかりそうもないので、ひとまずポツンと残っているソファに腰を下ろす。

自然とため息が漏れる。毛足の長いカーペットにはテーブルの脚の跡がくっきりと残り、主を失ったテレビ台が申し訳なさそうにこっちを見ている。その情けない姿にまたため息が漏れる。

どこで歯車が狂ったのか。互いの両親に挨拶をして同棲の許可をもらい、毎日を一緒に過ごしていた。

そりゃ付き合った頃に比べれば刺激は少なくなっていたかもしれないけど、僕はそれが安らげる楽しい日々だと思っていた。

二人の将来のために必死に働いた。残業は多くなったけど、ちゃんと昇進だってした。二人の休みが揃えば必ずデートもしていたし、セックスレスだったわけでもない。

それに、僕はプロポーズをした。同棲して二年の記念日に、指輪を買って、この部屋の、今座っているソファで結婚を申し込んだ。

もちろん承諾してもらえる前提のプロポーズだった。しかし、彼女は保留した。「少しだけ時間がほしい」それだけ言われ、その二週間後、明確な理由を聞かされることなく、プロポーズを断られるどころか、恋人としての関係も解消することになった。何を聞いても「あなたは悪くないの」の一点張り。議論することに疲れ、僕は力なくそれを受け入れた。

このままここに座っていたら気持ちがどこまでも沈んでいきそうだった。明日も仕事だし、ひとまず今日を終わらせないといけない。

服を脱ぎ、シャワーを浴びようと思ったがバスタオルが一枚も無いことに気付く。バスタオルは持って行くなよ。一枚は残していけよ。

下着姿のまま風呂場と洗面所を入念に確認する。もちろん彼女が使っていた化粧品の類は全て無くなっていたが、シャンプーやボディソープは残っていた。

でも、歯みがき粉が無い。歯みがき粉は持って行くなよ。そんで、なんで歯ブラシは仲良く2本並んでるんだよ。歯ブラシは持って行けよ。

今後数日間、こんな小さな発見、まちがい探しの答え合わせが続くのかと思うと気が滅入る。

しかたなくさっき脱いだ服を着てコンビニに行き、タオル、歯磨き粉を買い、ついでに、セブンスターとライターを買った。

同棲の条件にされて禁煙していた。別に吸いたくなったわけではないが、レジで目に留まり、反射的に買ってしまった。二年ぶりに持つビニールに包まれた小ぶりな固い箱。ひさしぶりの触感だった。

部屋に戻り、ソファでタバコに火をつける。二年ぶりに体内にニコチンとタールが侵入してくる。血管を伝い、全身にタバコの有害な成分が行き届くのを感じる。脳がヒリヒリして、視界がわずかに歪む。

おいしいのか分からないが、ため息と一緒に白い煙をゆっくり吐き出しながら、今の状況にはタバコがあってよかったと感じる。

さて、もう一度何が無くなっているのか確認しなければいけない。いっそ、彼女に何を持って行ったのか確認しようかと迷い、スマホに目を移すと通知ランプが緑色に点滅している。

「一回で持って来れなかったから今からもう一回行くね」

彼女からだった。さっきまでしんみりしていたのに、正直少し腹が立った。これ以上何を持って行くというのだろうか。なぜ疑問形ではなく決定事項の通達なのだろうか。僕がいない間に持って行くという約束だったはずだ。

確かに一つひとつ何を持って行き、何を残すのか話し合いをするのがめんどうで好きにしろと言ったけど、もう充分じゃないか。それに時計は間もなく0時を回る。非常識だ。

でも、僕には彼女の決定事項を拒否できる気がしなかった。それどころか、僕はその連絡を見て真っ先に換気をしていた。

換気扇を強で回し、窓を開け、ソファとカーペットにファブリーズをかけた。タバコの臭いを消すためだ。ダサい。もういいじゃないか。情けない。

「寝室に用事ある？　もう寝る」

「ない。静かに運び出すね。寝てて。1時間後に着く予定」

シャワーを浴びて、新品のバスタオルで身体を拭き、隠れるようにベッドに潜り息を潜める。もちろん眠れるわけがない。2時間近く経過しただろうか。玄関のドアが開く気配がした。最後まで時間にルーズだ。

リビングの光がドアの隙間から寝室に侵入してきた。昨日までの同居人がやけに堂々とした不法侵入者に感じる。

きっと時間にして20分くらいだったと思う。小さな物音だけがかすかに届く。

僕は、万が一彼女が寝室に入ってきても大丈夫なように狸寝入りをした。目をつむると物音に集中してしまう。玄関ドアが何度か開いたり閉まったりする音が小さく聞こえる。

僕を起こさないように静かに荷物を運び出しているんだろう。一枚の壁を隔てて、僕らは気を遣い合っている。居心地が悪いったらありゃしない。

彼女がどこから来て、終電の無いこんな時間にどうやって移動するのか不思議だった。本当に分からなかった。

車か。でも彼女はペーパードライバーだ。いつも車での遠出は僕の運転だった。

そっとベッドから起き上がり、カーテンの隙間から窓の施錠を外し、ゆっくり、窓を開けて耳を澄ませる。かすかにエンジン音が聞こえる気がする。

今度は自分が出られるくらい窓を開け、身を低くしてベランダに出る。悪いことをしていないのに、後ろめたい気持ちになった。

ベランダの柵から、ゆっくり下をのぞき込む。RV車が一台、トランクが開いた状態で停まっていた。横には、彼女から荷物を受け取っては車に積み込む男がいた。

そうか、男ができていたんだ。なんだ、そんな単純な理由だったのか。

今考えれば充分あり得る話かもしれないが、当時の僕にとっては、本当に目からうろこだった。

「これで終わり。鍵は郵便受けに入れました。ありがとうございました」

そのＬＩＮＥが単純に「荷物の運びだしの完了」という意味ではないことは理解していた。

車が走り去ったことを確認し、リビングに戻る。2時間前の部屋とまちがい探しだ。全身が映る鏡が無い。それくらいいか。キッチンに行くと、炊飯器が無くなっていた。他にも無くなったものがあるのかもしれないけど、もういい。

タバコに火をつけて、ソファに座る。カーペットについたテーブルの痕跡が急に憎らしくなり、足の裏で乱暴にこすり取りながらスマホでアマゾンを開く。

鏡やテレビは無くてもすぐには困らないが、米は炊かないと食えない。価格と口コミから最適なものを吟味してカートに入れた。

なんだ、案外冷静だな。こんな夜でも。

Ui's comment

「順調」という慢心に足をすくわれる

RV車の男性、ただの友達かもしれませんよ。でも、仮に彼女に男ができていたとしても、それまでの過程に気付けなかったことに原因があると思うんですよね。何かしらあったと思うんです、危険を知らせるサインが。それをキャッチできなかった原因が仕事なのか、安心感だったのか分かりませんが、何かを見逃していたはずです。

物事が順調にいっているように感じているときほど視界は狭くなり、異状は発見できない。油断していると足をすくわれるんですね。必要なのは「確認」です。ロンドンブーツ1号2号の田村淳さんは奥さんに定期的に「結婚生活、異状はありませんか?」という確認の場を設けるそうです。ステキですよね。こうやって**順調にいっているときほど定期的に互いの距離や向いている方向を確認すべき**なんです。

でも、車の男性の姿を見れてよかったと思うんです。見れたからこそ、冷静に炊飯器を買うことができた。もし見ていなかったら、モヤモヤした感情に支配されてしまい、ひどい炊飯器を買っていた可能性もありますからね。本当によかったですよ。そうでも思わなきゃやってらんないですよね。

タバコ・バニラ

私の内臓には彼の一部が癒着しています。その内臓は、正式名称は分かりませんが、きっと鼻の奥にあるであろう匂いを感じ取る器官のことです。

人間、誰しも何度か恋愛を繰り返せば一人くらい「忘れられない人」がいますよね。もちろん、その人のことを忘れられない理由は美しいものであったり、時には憎悪に満ちていたりするわけですが。

私は三年前に別れた恋人を忘れることができません。八年間付き合いました。

高校生で出会い、大学受験も二人でがんばったし、上京も同じ日にしました。選んだ大学は違いましたが、中野の古いアパートで同棲ごっこしたり、就職をお祝いし合ったり、一緒に大人の階段を上った、本当に、本当に大好きな彼でした。

別れの原因は私の浮気です。交通事故みたいな浮気って言ったらいいんでしょうか。終電、お酒、仕事のストレス、二度と会うことはないであろう相手、彼とセックスレス気味だったこと。色々な要素が奇跡的に集合してしまい、一度だけ浮気をしました。

さらに奇跡は続きまして、浮気相手と腕を組んで歩いているところを彼の友人に目撃されていたんです。

ドラマじゃないんだから。神様、たった一度の、交通事故みたいな浮気なんだからさ、見逃してよ。セックス終わった後、罪悪感で私の心は一回死んだんだよ。あんまりだよ。そう不運を呪いもしましたが、とにかく全ては私の責任です。

彼は、私の全てでした。

別れてからも彼のSNSを見る毎日。インスタのストーリーは足跡で見たことがバレないように別のアカウントを作って毎日欠かさず見ています。

私には、彼の未来を想う権利も、義理もない。それは分かっているんです。だってもう別れて三年ですよ。

それに、彼にはもう新しい恋人がいるんです。インスタで知りました。彼、全然匂わせたりせず、ストレートに公表するんです。そこがいいところなんです。

それに、私にだって新しい恋人がいます。実は、彼と別れてから私の方が先に新しい恋人をつくったんです。付き合っては短期間で別れるを繰り返して、彼と別れてからの三年で何度も恋人は変わりました。

私には大好きな香水があります。トムフォードのタバコ・バニラ。大好きだった彼がつけていた香り。

「その香り、大好き。ずっと嗅いでいたい」

私がそう言うと、彼は一緒にいるときはお風呂上がりにも少しだけ香水をつけてくれました。

私が何年間も隣で嗅いだ香り。スマホや洗剤などの日用品はすぐに新しい物に変えたがる人だったのに、トムフォードのタバコ・バニラだけは他の香水に浮気せず、ずっとつけてくれました。

「もっとくっついてもいい？」

私がベッドでそう聞けば必ず彼は

「おいで」

そう言って、細い指でゆっくり、ゆっくり頭を撫でてくれる。

寝ていても私の問いかけには必ず「おいで」の返事。私が一番幸せに包まれる、約束のような時間。


私は、新しい恋人ができる度にタバコ・バニラの香水をプレゼントしています。もちろん、一緒にいるときはお風呂上がりにもつけてもらいます。

これを執着だとか、未練だとか、何と言われようが、私はかまいません。

内に秘めた想いは誰にも見つかることなく、私だけが開けることができる鍵付きの冷凍庫の中、美しいまま真空パックされこの先もずっと保存されるのです。

タバコ・バニラという変わった名前のタイムマシンで、私はほんの数秒、過去に戻れる。香りの中目をつむれば、いつだって彼を感じることができる。彼と過ごした日々の輪郭をなぞることができる。

それくらいの秘め事なら、隠し持っていてもいいんじゃないでしょうか。

みんなそんな秘め事を持っているのではないでしょうか。

最近、新しい恋人ができました。彼と別れて五人目の恋人。

セックスの後のまどろみの中、私は鼻孔いっぱいにタバコ・バニラの香りを吸い込み、肺の隅々まで行き渡らせる。


「もっとくっついてもいい？」

「うん」

私は小さく息を漏らし、彼の香りの中に深く潜り込む。


「ため息？」

「ちがうよ。深呼吸。この香りが好き」

Ui's comment

忘れるのが怖いもの

どんなに高価なプレゼントも、時間が経てばその輪郭は曖昧になるのに、実体のない香りは、いつまでも鮮明に記憶に居座り続けます。普段忘れていてもその香りは、ふとした瞬間、例えば週末の新宿駅、渋谷の信号待ちの人ごみの中、下北沢の居酒屋の前でたむろする集団、そんな雑踏の中から手を伸ばしてきては僕らの袖をつかみ、強制的に記憶をフラッシュバックさせます。でも、僕たちはその手を払いのけ、何てことない顔で歩くんです。次の目的地に向かって。

　香水のプレゼントはその背景にあるものを今の恋人に「隠し通す覚悟」があるのであれば悪いことだとは思いません。人間誰しも墓場まで持って行く秘密がありますから。

　でも彼女の場合、**別れた彼のことが好きなわけでも、タバコ・バニラの香りが好きなわけでもなく、彼と付き合っていたときの自分が好きなんじゃない**ですかね。受験や就職活動や上京などのライフイベントに果敢に挑んでいた自分。そんな自分を忘れたくなくて、タバコ・バニラの香りを使って忘れないように必死に努力しているようにすら映ります。正解は彼女自身しか知り得ませんけど。

第6章

「ふつう」と折り合いをつける

「普通の恋愛」「普通の出会い」「普通の男・女」よく言われる言葉ですが、果たして「普通」とはどういうことを指しているのでしょうか？

この質問の答えは十人十色。人の数だけ「普通」があるのです。これはハッキリと定義付けができるような「普通」なんか存在しないことを意味します。それなのに僕たちはいつも「普通」という概念に縛られている気がします。「普通」と折り合いをつけている人たちはどんな恋愛をしているのでしょうか。どうやって折り合いをつけているのでしょうか。

名前がつけられない関係

「この店、実は半年も前から予約してたんだ」

36歳の誕生日。出会って十周年の記念も重なり、彼は銀座の客単価三万円はするであろう最高級のお寿司をごちそうしてくれました。

正直、客単価一万円と三万円の違いは私の舌では理解できないでしょうけど、それでもその日食べたお寿司はこれまでの人生で食べたどのお寿司よりも甘美で、繊細で、まるで一つひとつが美術品のような完成度のものばかりで、私の記憶の中で断トツ1位となりました。

去年の焼肉も、一昨年のフレンチも、彼が誕生日にごちそうしてくれる料理はいつだって私の記憶で特別なものとして、大切に額装され飾られています。

別に彼にごちそうしてもらわないと食べられないわけではありません。

私だって働いていて、それなりにキャリアアップを重ね、今では役職にだって就いています。年収は同年代の男性よりもずっと多いはずです。

大切なのは「毎年私の誕生日を忘れず、お店を選び、予約をして、お祝いの乾杯をしてくれる男性がいる」という事実なのです。彼のおかげで私は、毎年春に訪れる誕生日を素直に受け入れることができるような気さえするのです。


26歳のときに参加したなんでもないコンパで出会った同じ年の彼。あれからもう十年。会うのは月に一回か二回くらい。彼氏ではない人。

彼との関係は何かと聞かれれば「すごく仲がいいセフレ」です。本当は「セフレ」という言葉が持つ響きが二人の関係を希薄なものにしてしまいそうな気がして使いたくないのですが、他人に理解してもらえる適切な言葉が他に見当たりません。

36歳。東京で働く大人同士。デートで使うお店も二人で吟味しますし、一緒に遠出もするし、海外旅行にも何度か行ったことがあります。

もちろんセックスもするし、しないこともありますし、こうやって誕生日にはまるで恋人に贈るような金額のプレゼントをお互いに贈り合います。

こんな関係が十年も続いています。お互い独身だし、恋人はいないので誰にも咎められるような関係でもありません。

ただ、この先どうなるのだろうと思うことはあります。自分の年齢、親の年齢、友人たちは結婚や出産や離婚を経験している。当然のことですが十年という月日は自分自身も、環境も大きく変化させるのです。

そんな気持ちを知っているのか、知らないのか、何を考えているのかよく分からない人。決して私には付き合おうとは言わない人。私の部屋に巣作りはせず、形として残る物は絶対にプレゼントしてくれない人。

「恋人をつくろうとは思わない」

彼は出会った頃から私にも、周囲にもそう言っていて、その言葉の通りこの十年間一度も恋人がいたことはありません。私が知らないだけで、本当は恋人がいる可能性もあるけど、恋人がいたら私は気付けると思います。

この先、私はあなたと一緒に生きられるでしょうか。恋人や夫婦という関係なんかじゃなくても、愛し合う夫婦と同じくらい強い絆で結ばれたパートナーとして。

私があなたに対して抱いている感情は恋心なのか、友情なのか、それとも家族に近いものなのか、その全てが混ざっているのか、それともまったく別の感情なのか、もはや自分でも分かりません。

あなたには恋人をつくる権利があり、そのことを止める権利も責める権利も私にはない。でも、今更あなたが若い彼女をつくるようなことは考えられません。きっとそんなことしない。根拠はありませんが、あなたはそういう人です。私が誰よりもあなたのことを理解しているつもりです。

私は、あなたとなら結婚という枠にとらわれず生きられると思っています。でも、肝心のあなたがそういった未来を望んでいるのか、それを聞くのはあまりにも怖いのです。

「ねえ、私たちって付き合ってないけど、これからどうする？　あなたはどうしたいの？」

きっと出会った頃や、今の関係になったばかりならセックスの前後にでも気軽に聞けていたと思います。それが十年も経過してしまうと、聞けないのです。

聞いた瞬間、何もかもが音を立てて壊れてしまいそうで、あなたを失望させてしまいそうで、一番知りたくない事実を突きつけられそうな気がしてしまうのです。

あなたが私と違った未来を望んでいるなら、私はあなたから離れることができるのでしょうか。離れなければいけないのでしょうか。そうであれば私は36歳で十年ぶりに恋愛の市場に放り出されるのでしょうか。私は誰からも祝ってもらえない誕生日なんて耐えられません。

十年間も恋人のように接してきた人。私が「将来のこと」に指先で触れてしまったとき、私たちの関係は本当に変わってしまうのでしょうか。その変化とは、どんな変化なのでしょうか。

「遠慮しないで食べてね。もう、遠慮なんかするような間柄じゃないか」

十周年のお寿司を食べながら、隣で無遠慮に笑うあなた。

私は、私の中で息を潜めている言葉を必死に飲み込む。

堂々巡りの思考回路で、私は時々迷子になり、不安に押しつぶされそうになりながら、この「名前がつけられない関係」をキープするのに精一杯なのです。

Ui's comment

大人なら一緒にいる方法がきっとある

も、愛じゃなくても、二人で生きる方法が。十年間も一緒にいた二人にしか見つけられない関係が絶対にあると思うんです。

僕、若い人の曖昧な恋愛には「一回、死んでこい」って言いがちなんですけど、これがアラフォーになると「きっとうまくいく方法ありますよ」って言ってしまいます。だって大人が二人、不倫でも浮気でもなく十年も一緒にいるんですよ。二人がそれでOKなら名前がつくとかつかないとか、そんなものは問題じゃないと思うんでけど、どうですかね。大人には甘いですかね。でも、僕も大人なので。

僕にはそんなに長く一緒にいられた人がいないので正直よく分かりません。でも、十年は長いですよね。10歳の子が成人式に出ますからね。

十年も一緒に過ごせば身体の一部なんでしょうね。しっかりと癒着し、きれいに剥がすことは困難で、無理に剥がそうとすれば耐え難い痛みが走り、もしかしたら致命傷になるかもしれない。お互いに。つまり、そのことを彼も知っている。知らないはずがない。きっと彼は今の関係を無下に終わらせるような人ではないんでしょうね。自分にも他人にも良くも悪くも素直で正直な人だから。

なんかあると思うんですよね。恋じゃなくて

たまたま、処女のままだった

平成元年に生まれた私は処女のまま令和を迎えました。つまり、私は31歳の処女です。

別に必死に守っているわけではありません。たまたま処女のままなんです。

彼氏がいたことはあります。高校生の頃に一人、社会人になってから二人。全員、数週間という短い期間で別れましたけど。

当然、男性とお付き合いすればセックスを求められます。付き合っている好き同士ですから、当然のことですよね。もちろん私も求められ、何度かセックスにトライしたことはあるのですが、これまで一回もできていないんです。

身体的なことではなく、精神的なことが原因です。ちなみに、恋愛の対象は男性です。一度、本気で悩んだことがありますが、ＬＧＢＴＱには該当しません。間違いなく私の恋愛対象は男性です。

私がセックスできない理由ですが、誰もが納得できるような説明をすることができません。とにかく「無理」なんですよね。したいと思えないんです。

この「無理」という感情を「無理」以外の言葉で表すのは難しくて、恋人への愛情は間違いなく存在しているものの、なぜか私は笑ってしまうのです。

セックスが始まった途端、だんだんおもしろくなってくるんです。もちろん笑いを押し殺しますけど、ダメですね。肩が揺れ、腹筋に力が入り、最終的には声を出して笑ってしまいます。

このままじゃいけないって思い、「よし！　がんばるぞ！」って気合い入れて挑戦したこともあるんですけど、もう気合いを入れている時点でおかしく感じます。

笑ってはいけない場面であればあるほど笑ってしまうことってあるじゃないですか。私は何がそんなにおかしいのか？　実は自分でも分かりませんし、真剣に考えても答えは出ません。

ただ、男女がはーはー息を荒らげて、男性の身体の中心にあるものが変化し、裸で手や舌を使ってあーでもないこーでもない、ああしてくれこうしてくれ、あ、ちょっと待って、ゴムつけるね、みたいなやりとりが、本当に滑稽に感じてしまうんです。

AVを観ても同じです。女の人が足をガバッと開いて、男の人が腰を一所懸命振っている。お尻丸出しにして。その揺れに合わせるように女性のつま先やおっぱいが揺れる。正直、滑稽です。

当然、そのことで大好きな人が傷ついている認識はあります。セックスを笑われるわけですから。傷つかないわけがありません。

とにかく、何かしらの方法でこの問題を乗り越えなくてはいけない。私はありとあらゆる方法を思いつく限り試しました。服を一切脱がずに行う着衣プレイ、私が寝ているときに始めてもらう夜這いプレイ、拘束具や猿ぐつわを使用したプレイ。悲しい映画や音楽を流してチャレンジしたこともあります。

そんな努力もむなしく、全て失敗に終わりました。

当時の彼には本当に申し訳ないことをさせたと思っていますし、チャレンジしてくれていたことには今でも感謝の気持ちでいっぱいです。

「気にしなくてもいいよ。いつかできるよ」

恋人たちはみんなそう言ってくれます。でも、そんなやわらかくてあたたかい言葉は時間の経過と共に徐々に硬さを帯びはじめ、それどころか所々鋭利に尖っていき、二人の関係を切り裂きます。

セックスできないことを別れの理由にされたことはありません。男の人はやさしいから、別の建前を用意してくれました。恋人は何も悪くありません。悪いのは、私。

一度、興味本位ですが、さて、どんなもんかと異物を挿入してみたことはあります。その異物が何なのかはちょっと言いたくありませんが、入れても平気なやつです。ネットでスムーズに入れる方法を調べて試したところ、難なく入りました。

なので、もしかしたら私は厳密には処女ではないのかもしれません。対人間においてはまごうことなき処女ですけど。

そんな経験から私は恋愛自体がおっくうになりました。恋愛はいったん諦めて、そこに費やす時間やエネルギーを全て仕事に捧げた結果、私は最年少でブランドマネージャーの役職に就きました。処女がもたらした役職です。

ところで、日本の処女率ってご存じですか？　私、調べたことがあるんです。そしたら国が調査してたんですよ。

厚生労働省発表の日本の出生動向基本調査によると性交渉の経験が無い女性は25〜

29歳で32・6％です。30〜34歳でも31・3％もいます。つまり約三人に一人が処女ですね。このデータは二〇一五年のものなので、ちょっと古いんですけど、二〇一〇年の調査では約四人に一人が処女だったので増加傾向です。今はもっと増えているかもしれません。

きっとこの数値を見たほとんどの人は私と同じく「思っていたより多いな」っていう感想を持っていただいたと思います。

そう、ぜんぜん普通。レアでもなんでもない。ちゃんと調べたわけではありませんが、私の周りにも同じ数値でいると思います。

この事実を知ってからは、なんでみんなができていることが私にはできないんだろう？　という悩みは完全に消え去ることはなくとも、深く悩むことはなくなりました。

処女である理由はきっと人それぞれで、トライしたけど失敗に終わったとか、怖い体験をしてトラウマがあるとか、様々な背景があると思います。

でも、何の根拠もありませんけど、一番多い理由は「したいと思える人と出会っているけど、シンプルにセックスまで至ってないだけですが、何か問題でも？」だと思うんです。キスしたことないとか、手も繋いだことないとか、そんなのも一緒。そこまで至ってないだけだと思うんです。

そんな単純な理由なのに、みんな好き勝手言ってくるんですよね。まず、男。アホな顔して「重い」だの「尊い」だの好き勝手言ってくるんですよ。次に、女。「え？　処女なの?!　やばくない?!」ってやばい顔して言ってくるわけです。男も女もレアなポケモン見つけたかのごとく大騒ぎ。しまいには「ちゃんと好きな人に捧げてね。私は〜」とか、誰も貴女の体験談を欲しておりません。あれもこれも全部上から目線の大きなお世話。私にとっては「パクチー嫌いなの？　人生の半分損してるよ」くらい大きなお世話です。なんなの？　「捧げてね」って。ポップティーンの白黒ページ？　雨乞いのお供え物？

きっと、世の中の処女の多くは、たまたまそういった出会いがないか、出会ってもそこまで至ってないだけなんです。私が処女の理由も、実は一緒なんです。たまたまセックスしたい人と恋人になれていないだけ。

その証拠に、過去に一人だけ「セックスしたい」と感じた男性がいます。居酒屋で声をかけられた人です。

彼と話をして、お酒を飲んでいるときに、ふと（この人とだったらできる。したい）

って感じたんです。あのときばかりはロマンスの神様ありがとう、この人ですねって思いました。その日はLINEを交換して解散。私から連絡を取っていたのですが徐々に返信の頻度と温度は下がっていき、私からのデートのお誘いに既読がついたまま間もなく一年になります。うまくいかないものです。

いっそのこと、セックスしない人生を何の躊躇もせず選べれば楽なんでしょうけど。セックスしたい人との出会いがあったり、恋人と抱き合ったり、手を繋いだり、頭を撫でてもらうときの心地よさや、恍惚とした感情には未練があるんだから困った処女です。

これからどうなるか分かりません。でも、私が三十年以上抱えている処女は極端な少数派でもなければ、大事に守っている宝物でも、捨てられなかった荷物でもない。ドラマチックでもなければ、長所でも、短所でもないんです。だからこそ私は、「自分の処女、付き合いも長いけどさ、ただの個性だし、このままずっと付き合ったり、いつかお別れしたりしような。いつかって？　いつかね。その話はちゃんとまた、次の次のまたその次の、次の日か、来週か来月か来年か来世か、まあ、そのうちに」くらいのスタンスでこれからも生きていこうかと思います。

「好き」という気持ちの前では童貞も処女も無力

Ui's comment

処女で悩んでいる女性から「男性の本音は何ですか？　やっぱり重いですか？」と相談を受けることがあります。これは僕の本音でもあり、同時に世の中の多くの男性の本音でもあり、もしかしたらみんな「そんなこと知っているよ」って言うかもしれないし、知らないのかもしれないし、知らないふりをしているだけかもしれないのですが、男性の処女への意見を明文化すると、**美人の処女は「恋愛禁止のアイドル的に尊い」**し、**そうじゃない女性の処女は「まあ、うん。そうだよね」**なんですよ。でも、これは女性一般に対してなんです。主語が大きい。

これが恋人や、好きな人だったらどうでしょうか。そこにちゃんとした愛情があれば、驚きはするけど「それがどうした。ベイビーラビュー」って思うはずです。なんなら「名ばかりと思っていたヴァージンロードを、本物のヴァージンロードにしてやろう」って感じる人もいるでしょう。

恋愛って「好き」だけじゃだめなときがたくさんあるけど**「好き」の前では「童貞」とか「処女」なんてちっぽけなこと**なんです。ハードルになんかならないんです。理想論でしょうか。でも、何度考えても本気でそう思います。

港区女子、田舎に帰る

静岡県伊豆市。遠くに海の見える高台に家を建てました。

別荘が多い土地なので普段は人の気配が少なく、はじめは寂しい印象も受けましたが慣れてしまえばどうってことありません。

どこに行くにも車が必要で、免許を持っていない私は不便をしていますが、私と夫、両方の実家から車で1時間圏内の立地に満足しています。

働き者の夫は高校の同級生。子供には恵まれていませんが、まだ結婚して一年ですので焦ってはいません。

専業主婦をしながら自動車教習所に通い、免許が取れたらリモートワークで無理なく働ける就職先でも探すつもりです。朝起きて、広いキッチンで朝食とお弁当を作り、夫を玄関先まで見送りに出て、家事をこなす日々。

私は、このありふれているように見える今の生活は幸せだと胸を張って言えます。

だって、これは私が選択した未来なのですから。

私は彼に秘密にしていることがあります。ささやかな秘密です。それは私が「港区女子」と言われる界隈の人間だったことです。

何も悪いことをしていたわけではありませんし、秘密にするほど大げさなものでもありませんが、地元から出たことがない彼には何となく知られたくはありません。東京でのことを聞かれれば「普通のOLをしていた」と答えましたし、それは嘘ではありません。

恵比寿、南青山、西麻布、六本木。おしゃれなオフィスでおしゃれな人たちと働く日々。少し狭いけど終電を気にしなくてもいい立地に借りたマンション、看板を出していないお店、会員制のバーで開かれる週末のコンパ、よく知らない人のホームパーティー、なにをやっているか分からないカタカナの肩書の人、かわいい女友達、そして清潔感があって高収入の彼氏。

私は18歳で上京し、22歳で憧れの港区女子と呼ばれる界隈に足を踏み入れました。

一度その螺旋の中に入ってしまった者は、そう簡単には抜けることはできません。

「もっといい男がいるはず」「このままでいいんだろうか」様々な葛藤を払拭し、大満足で抜け出すには、ハイスペックの彼氏からもらうハリー・ウィンストンの結婚指輪が必要なのです。

そのために私たちに必要なのは洋服やアクセサリー、コスメやエステです。毎月のカードの請求は高額で、貯金なんかできなかったけど、それでいいと思っていました。だって私が港区女子になったのは、有名人やスポーツ選手や実業家やドクターなどのお金持ちと結婚するためなのですから。

六本木や西麻布にある「港区女子の定番デートスポット」と呼ばれる場所に出入りできるようになった頃、私は「お金持ちと結婚できることはもう約束されている。あとはいかに私が自分の価値を高め、少しでも高スペックの男性と結婚できるよう努力できるかにかかっている」という根拠なき確証を持っていたので、自分には貯金なんかなくてもいいと本気で思っていたのです。実際小さいカバンに入れている小さいお財布に現金なんかほとんど入れなくても過ごすことができました。

テレビで見たことのある芸人さんや、プロスポーツ選手のコンパにも呼ばれるようになり、ちやほやされ、完全に私は「選ぶ側」になったと思っていたのです。

今考えたらずいぶんと無謀で、若さを過信した無知な考えですが、本気でそう思っていました。

28歳。上京して十年目。いよいよ30歳が見え始めた頃、初めて高校の同窓会に顔を出しました。それまでも誘われてはいたのですが、同窓会のためだけに片道2時間30分かけて帰省するのはおっくうだし、もっと正直に言えば、東京に出ることを選択しなかった人たちが集まる同窓会に時間とお金を使うのが惜しくて断っていたのです。

断り続けても毎年律義に誘ってくれる幹事に申し訳ないっていう気持ち半分、十年間東京で磨かれた私を見てほしいっていう気持ちも半分あって初めて参加した同窓会。そこで再会したのが今の夫です。私、彼と再会したときに「そうか、この人だ」って思ったんです。

充分だと思いませんか。静岡の田舎に生まれ、18歳で上京。四年間大学に通い、名前を聞けば誰もが知っている会社に入り、高い洋服を着て、香水を使い分けながら六年間楽しい時間を過ごし、地元の資産家と結婚。しかも相手は同窓会で再会した高校の同級生。私の「港区物語」のエンディングとしては充分じゃないですか。

当時、28歳だったのであと二年くらいは第一線で戦えていたような気もしますけど、30歳になってても港区女子っていうのもちょっと違うし、少し余力を残しながら28歳で余裕の寿退社。充分じゃないですか。

それに、本音を言えば、私なんかがどう転んだって勝てない女が、そこらじゅうにいるんです。顔なんて私の半分しかないようなスタイルの女の子、東京に大きな実家を持つスタートから有利な女の子、私の倍は稼いでいるバリキャリ女子、私のほうがかわいいと思うのになぜか勝てない愛嬌女子。

会社にも、この前まで大学生だった22歳の若い子が毎年入ってくる。そんなまぶしいくらい強い女の子たちに力の差を見せつけられては、その芝生の青さに絶望もしていたのです。

どう転んだって敵わない女がいる。叶わない夢だってある。いつまでも港区にしがみつくのはみっともない。私は、そのことをあっさりと受け止め、28歳で幕引きしたのです。それが私の強さです。

私は、充分すぎる幸せを手に入れた。誰にも負けてなんかないし、もう打ちのめされることもない。

私は勝ち逃げしたんです。上出来ですよ。

自分の選んだ彼を「運命の人」にできる人が優勝

Ui's comment

港区女子に限らず、「この人なんだ」っていう納得性を持たせることができる人は強いですよ。勝ちとか負けとか、表現がどんなものになろうが、どんな土地で生きようが**恋愛で最後に必要になるのは「納得性」**になることがあるんです。

人間は2種類に分かれます。「既に出会っている異性の中から一番好きな人と一緒になる人」と「そこからは選べず、まだ出会ってない人の中に理想の異性がいると信じる人」です。前者は何の疑問も持たず「この人なんだ」と結婚ができますが、後者は「もっといい人がいる」「この人じゃない」と迷子になりがちです。

僕もそうですが、「自称・結婚できないんじゃなくてしないんです界隈」は「今まで結婚せずにがんばってきたのは何のためだ？　この人と出会うためだったんだ！　ようやく出会えたんだ！」と心の底から思えるような出会いがこれから訪れるはず、という夢を見てしまうんですよね。しかもろくに出会うための努力なんかしていないくせに。

まだ出会っていない、しかも出会えるかどうか分からない「運命の人」じゃなくて、今、目の前にいる人に「この人なんだ」という納得性を持たせることができる人が優勝ですよ。

その鎖の名は、家族

両親が離婚したのは、私が12歳のときでした。離婚の原因は未だによく分からないし、とっくの昔に興味も失せたのですが、離婚直後の母親は父親の悪口ばかり言っていたので、きっとろくな別れ方じゃなかったんだろうなと思います。

でも、何も問題はありません。だって母子家庭なんて今どき珍しくもなんともないじゃないですか。これっぽっちも悲観することじゃない。中学生だった私は自分にいつもそう言い聞かせていました。

母は三姉妹を一人で大人にしてくれました。働き者の母ですが、お酒と男にはだらしない一面があり、知らない男の人が家に来る度に私たち三姉妹は2時間くらい家を追い出されるようなこともありました。まあ、これもよくある話。マンガとか映画でたまに見る描写。だからこれもきっと珍しくない。

長女の私は金銭面の事情で大学には進学できず、高校生の頃から雇ってくれていたアルバイト先が正社員として迎え入れてくれました。小さな会社ですが、社長や上司に恵まれ、仕事は地味ですが楽しく働くことができています。

一方、次女は受験に失敗し、二年間部屋から出なくなりましたがジャニーズJr.に夢中になり、お金が必要みたいでアルバイトを始めました。ジャニーズJr.のどなたか存じませんがありがとうございます。

三女はいわゆるギャルです。全てを笑い飛ばすメンタル最強の明るいギャルになってくれればよかったんですけど、ずいぶんなメンヘラ気質みたいで、どこかの男に依存しては数週間家に帰らず、ふらりと帰ってきてはまた出て行く生活を繰り返しています。三女が一番母にそっくり。

そんな三姉妹に母。女が四人。飼い猫もメスという女所帯。

そこにやってきたのが母の再婚相手です。めちゃくちゃ普通のおじさん。昔、うちに出入りしていた入れ墨だらけのあの人じゃなくてよかった。

再婚ごときでは三姉妹の誰も驚きませんが、さすがの私たちも驚いたのは、連れ子として中学生の女の子がいたことです。三姉妹が四姉妹に。

幸い、すごく素直でまじめな子だったのでなんとか私たちは家族という集団を形成することに成功しています。

ここが鎌倉の海辺の古民家で、両親もいなければ『海街diary』のような世界を再現できていたのかもしれませんが、現実はなかなか厳しいものです。ここは海なし県・群馬だし、綾瀬はるかも長澤まさみもいません。


私たち家族の最大の問題はお金です。

私が就職すると、母はほとんど働かなくなりました。新しい父親と名乗る人はドライバーや力仕事をしていたのですが、腰と背中を痛めてからはほとんど働いていません。つまり、この家族で一番の高収入は手取り二十二万円の私。六人家族と猫一匹の生活費は私の収入への依存度が高いのです。

幸い家は祖父が残してくれたものなので家賃は不要ですが、ずいぶん傷んでいるし、維持費だってばかになりません。いつも我が家にはお金がありません。

私はずっとこの家族から解放されたいと思っています。

母も、二人の妹も、父と名乗る人も、新しい妹も、決して嫌いじゃないけど、私の人生はこのままこの家族のためにあるのかと思うと、時々むなしさを感じます。

できれば働き者の、まじめだけが取り柄のような恋人がほしいし、そんな恋人にここから連れ去ってほしいけど、今の私には恋愛をするような余裕はありません。

マッチングアプリにも登録したことがありますが、五年以上恋愛をしていない私にとっては、いきなり見ず知らずの男性とメッセージのやりとりをすること自体、心理的なハードルが高いのです。

それに、仮に男性が私をここから連れ出してくれるような話になったとしても、私はそれを選べないと思います。

心配事はたくさんありますが、この家を出られない一番の理由は新しい妹です。新しい父親と名乗る人が連れてきた子。この子は、たぶん絶望している。自分が置かれている環境に。

お母さんが出て行って、父親と暮らし、突然連れてこられた家には新しい母親、姉が三人、メス猫が一匹。しかも姉二人はジャニーズ狂いの引きこもりとメンヘラのギャル。父親もほとんど働かず、私が家計を支えていることを理解している。

きっと行儀良くしていないと自分の立場が悪化することを、居場所がなくなることを、頭のいいこの子は中学生で理解してしまっている。だから背筋を伸ばしてご飯を食べ、率先して食器を洗い、おはようございますや、おやすみなさいの挨拶を欠かさない。お風呂だって遠慮がちに入る。私が残業で遅くなっても、私の帰りを起きて待っている。

どんなに「私たちは家族なんだから気を遣わないでいいんだよ」と言っても、この子は絶対に油断しようとしない。きっとほしいものをたくさん諦め、遊びに行くお金もないから友達付き合いもほとんど無いんだろう。

このままこの子はかつての私のように静かに大学を諦め、どこでもいいから雇ってくれるところを探して就職し、この家にお金を入れ、恋愛からも縁遠くなる。

そんなことを考えてしまうと、どうしても私はこの「家族」という名前の鎖を外して家から出て行こうと思えないのです。

「この家族から解放されたい」「誰かここから連れ去ってほしい」そんな感情はどうやっても消せません。でも、恋愛してもどうせうまくいかない。

それなら自らこの家族という名の鎖を外し、恋愛することはない。

それが長女の責任だと思っています。

Ui's comment

恋愛するのにストップをかけているものは何か

恋愛がうまくいかないと嘆く人の多くは脳内で「恋愛」にギアが入っていないんですよね。ギアが入らない原因は家族の問題だけじゃなくて、お金の問題、仕事の問題、病気や怪我、将来の心配事、過去のトラウマなど、人それぞれです。そんな状態なのに「もう30歳過ぎているし」とか「周りが結婚しているから」と焦り、必死に動こうとしても、ギアが入っていないから当然前には進まない。

そういった人たちは**恋愛する前に邪魔になっているものを取り払わないといけない**んですよ。取り払う方法は何が邪魔しているかによりますが、多くの場合は環境を変えることで解決できるものばかりです。

この方の場合、家を出るべきです。共依存気味ですから。きっと一番の頼りである長女がいなくなれば、いないなりになんとかなります。新しい妹さんは賢い子なのでうまく立ち回ると思うんです。妹さんが学校を出たら一緒に住むことだってできますよね。彼女が望めばですけど。きっと現状維持でも、家を出てもどこかに後悔を感じると思います。責任感の塊のような人だから。でも何度考えても、背負い過ぎています。一回どさっと荷物を降ろせば普通に恋愛できるはずです。

私と彼氏と彼氏の彼氏と その彼女

私の彼氏には私公認の彼氏がいます。

少しだけややこしいこの背景には、ＬＧＢＴＱという事情があります。私の彼は世間一般で言われるバイセクシャルです。つまり、男性も女性も恋愛対象になるのです。

ＬＧＢＴＱの割合は一説によると十人に一人が該当すると言われていて、それが多いのか少ないのか未だにピンときていないのですが、彼氏からバイセクシャルというカミングアウトを受けた私にとっては非常に身近な話なわけです。

偏見なんか無いつもりだったけど、正しく理解もしていない。友達にゲイをカミングアウトしている男性はいて、わりと身近に感じていたはずなのに、まさかこんなに身近にいたとは。

当時の私が抱いていた勝手な偏見なのですが、バイセクシャルの人って、女性のイメージがあったんですよね。

男性のバイセクシャルのイメージがなくて、いたとしても正直オネエみたいな人を想像していましたが、彼はスーツを着て仕事をする、どこにでもいるいたって普通の見かけの、まじめな大人の男性です。

「君に謝らなければいけないことがある。僕はバイセクシャルで、君以外に男性の恋人がいる」彼からそうカミングアウトをされたとき、私と彼氏は付き合ってわずか三ヵ月。彼氏とその彼氏は付き合ったり別れたりしながらなんだかんだ四年以上付き合っている。つまり、彼の恋人歴は私の方が圧倒的に後輩。

彼氏の彼氏は私の存在を知っていて、受け入れているというか、会いたいと言ってくれている。もちろん友好的に。

話はここで終わりません。彼氏の彼氏には彼女がいるのです。つまり、四人で三組のカップルを形成していたのです。

カミングアウトがバイセクシャルじゃなくて、実は結婚してるとか、他にも女がいるっていう話ならふざけんなって言ってグラスの水でもぶっかけてたんですけど、彼氏がいる、その彼氏には彼女がいる、ですからね。

はじめは思考が追いつかなくて、時間をもらってじっくり考えて、私はついていいないとか、そんなこともやっぱり考えてしまいましたが、いったんそれを全て、一切合切受け入れることにしました。

理由はいくつかあります。カミングアウトを受けた瞬間、私の中で一番前に出てきた感情は嫌悪感ではなく好奇心だったんですよね。想定していなかった世界の入り口が急に開いた。入り口には彼氏が立っていた。

それに、ここで拒否してしまうと、みんな受け入れていることを私だけが受け入れられない心が狭い人間になってしまうような気もしたし、もっと本音を言えば、当時の私は33歳で十一年ぶりにできた彼氏をそう簡単に手放せなかったという気持ちもあります。

彼からは色んな話を聞きました。バイセクシャルと一言で言っても単純に女性も男性も恋愛対象になる人のことではなく、色んなパターンの人がいること。レズビアンからもゲイからも敬遠されがちなこと。自身がバイセクシャルということを受け入れるには時間が必要だったこと。

彼のことを知れば知るほど、私にカミングアウトしたとき、ものすごく勇気が必要だったんだろうなと想像します。

「バイセクシャルだろうが二股でしょ。そんなの不誠実だよ」というお叱りのご意見もごもっともなんですけどね。

あれから二年が経過して、今のところ順調と言って差し支えない状態です。

私は彼が大好きで、彼は私のことが大好き。彼は彼氏のことも同じくらい好きで、その彼氏は彼女のことが好き。私はその彼女のことも人間として大好き。そんな絶妙なバランスが心地よく感じています。

四人で食事をすることもあります。彼が私には見せないすごくかわいい表情を彼氏に見せたりして、そのことに嫉妬したりもするけど、ああ、そうか、彼は私にはタチだけど彼氏にはネコだからしょうがないかとか、そんなことすらもスパイスになり、なんだかんだ言って楽しい日々です。

私たち四人は全員アラフォーと呼ばれる年齢になり、結婚とか、互いの親とか、これから、どこでどうやって暮らすとか、そんな将来のことで悩んだり、決めないといけないこともたくさんあるけど、それは普通のカップルだって一緒。

彼のことを友人に話すと驚かれるし、たまにそんな好奇心がめんどうだなと感じることもありますけど、かつての私もきっと同じような場所に立っていたのです。

心配されたり、反対されたりもします。

でも、私たちが幸せそうにできているなら、全ての心配は杞憂となり、反対はいつかきっと無くなるのです。

私は、いくつかある選択肢の中から苦悩の末に今の生き方を選んだんです。そんな私の、私たちの選択を、誰も軽々しく否定なんかできません。


一所懸命生きていれば普通に恋愛ができて、普通に結婚できる。どうやらそんなことはないようで、普通に恋愛も結婚もできないなら、枠を排除したらいいだけ。

そうすれば、当然のように選択肢は増えるのです。それを教えてくれたのが彼です。

あのとき、新しい選択肢を拒絶し、彼のことはノーカウントにしていたら、私は今ごろ彼氏いない歴十三年の孤独な毎日を生きていたかもしれません。

この幸せで楽しい日々は「受け入れた」私への報酬なのです。

不幸そうにしているから周囲が反対する

Ui's comment

レズビアンとかゲイのようなLGBTQ以外にも、恋愛しないアセクシュアルとか恋人公認で複数の異性とセックスをするポリアモリーとか、事実婚とか契約結婚とか様々な恋愛や結婚の形があります。新しいものや少数派のものの中にはなかなか周囲から理解を得られないものもあるでしょう。多様性を知ってほしいとか、私たちを理解してほしいと訴えるのは重要だと思いますが、そのときに**何よりも大事なのは「本人たちが最高に幸せそうであること」**だと思います。

僕のところには年齢差とか、国籍とか、遠距離とか、宗教の違いとか、様々なものがハードルになって「周囲から反対される」「友達や親から心配されている」という相談がたくさん集まります。これって、本人達が不幸そうにしているから、辛そうにしているから周囲が心配したり反対したりするんですよね。最高に幸せそうなら反対や心配なんか放っておいても無くなるんです。

これから先、どんどん新しい恋愛の形が出てくると思います。もしかしたらその中には自分にジャストフィットするような形態があるかもしれません。そんなとき一番重要なのは、それがどんな形であれ、堂々と「これが私の幸せです」と言えるかではないでしょうか。

第7章 それでも新しい恋愛を

僕たちはたくさんの出会いと別れを繰り返して生きています。中には身体の一部をもぎ取られたような別れもあったでしょう。その度に「出会わなきゃよかった」「好きにならなきゃよかった」という後悔に襲われ、自分の選択を悔いたりするのです。中には「もう人のことは好きにならない」そう誓う人もいます。でも、僕たちは繰り返すのです。どんなに痛い目にあっても、別の誰かを好きになれるのです。忘れるということ、忘れないということ。そこに向き合う人たち。きっと大事な何かに気付けるはずです。

元カレカウンター

コロナウイルスが蔓延する直前の東京。私に、彼氏ができた。とうとうできたのだ。できてしまったのだ。人生における初の彼氏である。三十年弱、彼氏と呼べる人はいなかった。そう、吾輩は生娘である。正確には、生娘であった。

わりと悩んでいた。彼氏ができたことないことに。友達が彼氏をつくると、毎回妬んでいた。おめでとうって言いながら、心の中ではいつも妬みがあった。私に彼氏ができないのは、何かしら問題があるのだろうか。みんなやさしいから、それを指摘することはないけど、自分には決定的な大事な何かが足りていないと思っていた。

セックスしたことないのに、友達のセックス話に合わせて笑ったこともあった。本当はいつも違う星の話に感じていた。

彼氏がいたことないことを知られたくなくて、ありもしないストーリーを話して、帰りの電車でむなしくて泣いたこともある。

一生このままじゃないかと思っていた。それが、できたのだ。

大それたことを言うようだけど、世界が変わった。ようやく人間として、女として認めてもらったような気さえした。

マッチングアプリで出会った人。アプリを登録してはアンインストールする日々に、終止符を打ってくれた人。

どんな連絡をしたらいいのか分からずにてんぱったり、返信が素っ気ない気がして落ち込んだりもしたけど、このヤキモキしたりドギマギするのが恋愛というのなら、確かに私は恋愛をした。

二回目のデート。小さなレンタカーで行った逗子のビーチ。週末で混む道路。車内に流れる知らない洋楽。一緒に食べたハンバーガーとお店自家製のジンジャーエール。目の前が海のベンチに座る私と彼。雨女の私には不釣り合いな、燃えるような夕焼け。オレンジ色に染まる彼の横顔。きっと私もオレンジ色。

もう、これは言ってもいいよね。言っても大丈夫だよね。だって二回ともデートは彼の方から誘ってくれたし、今だって肩が触れ合う距離で座っている。

「好きです」

自分でびっくりするくらい声が出ていなかったけど、私からの精一杯の告白。

「よろしくね」

彼は一言だけそう言うと抱きしめてくれた。ビーチに人は少なかったけど、人様から見える場所で抱きしめられて、頭を撫でられた。

でかいよ、男の人の手。学生時代にずっと片想いしていた人が片手でバスケットボールを持ち上げていた光景を思い出した。

付き合ったその日の夜、私は長い付き合いだった処女にお別れを告げた。

二十七年間も連れ添ったのに、あいつ、案外あっさり去りやがった。痛くもなんともないでやんの。私が夢を見過ぎていただけなのかな。

同時に、実際のセックスってAVの世界とそう変わらないことを知った。女の子たちが「あんなことするのAVだけだよね」って言っていたプレイは数回のセックスでだいたい経験した。

私の膨大な予習の時間がほんの少し役に立った。ＦＡＮＺＡに毎月課金したかいがあった。

そこにやってきたのが新型コロナウイルス。彼氏と濃厚接触したら街にコロナがやってきた。

彼は言ってくれた。

「コロナウイルスが落ち着くまでは会わないでおこう」

あ、これネットで見たやつだ。「＃今、会わないのはまた会いたいから」みたいなハッシュタグ見たことある。恋人たちは互いの命を守るために、今は会わない選択をして、ＬＩＮＥしたりビデオ通話して「早く会いたいね」とか言うんでしょ。会えない日々を長い長い前戯にするんでしょ。

ＯＫ、コロナ。私も生き抜いてみせる。大好きな彼のために。


四月、別れた。

緊急事態宣言とほぼ同じタイミングでお別れの宣言をされた。

フラれた理由は分からない。本当に分からない。でも「ごめんね、悪いのは俺だから」ってだけ繰り返し言われたから、きっと私は悪くないんだろう。

人生ってすごいな。彼氏ができて、セックスして、別れるまで一ヵ月だもんな。

もしかしたら一生縁がないと思っていた初彼氏も、初のセックスも、初の失恋も、二十七年間も無縁だったのに、たった一ヵ月で経験できちゃうんだもん。ちなみに初のキスはセックス中だった。

失恋ってしんどいって聞いてたけど、全然平気。本当に平気。生娘の頃の生活に戻っただけ。大好きな彼氏って言うよりもイベントが終わった感覚。

別れようって言われた晩ですらフジロックフェスティバルの最終日が終わって、電車で帰路についているときの気持ちと似ていた。彼氏って、フェスみたいなものなのかな。違うのかな。

このことを親友に話したら「色々とおかしいよ」って言われた。「普通ならね、」って丁寧に説明してくれたけど、分かんなかった。何が正解だったのか。

でも、冷静に考えると、好きですって私から言ったけど、彼からは好きですって一回も言われたことないや。

私が「好き」と言えばいつも「ありがとう」だった。もしかしたら「俺も好きだよ」って言われたのかもしれないけど、記憶にないだけかな。でも、そんな大事なこと私、忘れるかな。なんだこれ。恋人だったのかな。

初めての恋人がこれって、私この先どうなるのかな。彼のこと、元カレカウンターにはカウントしていいやつなのかな。

でも、カウントしないと私は「交際人数ゼロ人の非処女」になっちゃうな。そんな矛盾、抱えらんないよ。いいよね、カウントしても。

彼は私のこと元カノとしてカウントしてくれたのかな。してくれているといいな。

恋愛なんかダサくてもいい

Ui's comment

当はみんな後から冷静に思い出すと後悔に押しつぶされそうになったり、顔から火が出るような恥ずかしいものだったり、自分史上一番ダサかったりするもんですから。初めての恋人じゃなくても、ずっとそうですよ。**台本もカメラもない僕たちの世界の恋愛はいつだってダサい**んです。

大事なのは、次につなげることです。忘れることは忘れて、反省することがあれば反省して、忘れられないものは引き連れていく。その中から何を糧にできるかだと思います。

だから大丈夫です。力強く、元カレカウンターにカウントしましょう。

恋愛の形って人それぞれですけど、男って本気であればあるほど律義に順番を守ろうとするんですよね。そして**「男とは、本命にこそ、ドノーマル」とは僕の辞世の句**なのですが、本命の女性とのセックスになればなるほど男はAVのようなプレイはしないもんです。だから今回のような、初キスがセックス中だったり、AVのプレイが多発するセックスの恋愛は友達に話したりすると「ちょっと変かも」って言われるんだと思います。

でも、大丈夫です。全然大丈夫。だって初めての恋人なんだから。そういうのでいいんですよ。初めての恋人って美化されがちなんですけど、本

あなたは大丈夫だよ

僕は転職に大失敗した。

転職した先がいわゆるブラック企業と言われる会社だったのだ。社員数は二十人の中小企業で、超が付くほど社長のワンマン経営。「絶対王政」や「独裁政権」という言葉がぴったりの会社。

やたら大声を出さなければいけない朝礼や終礼、明確な評価制度はなく、給料が上がるも下がるも全ては王様の気分次第。そんな王様は気分屋で朝令暮改。でもここまでは中小企業では珍しいことではなくて、合うか、合わないか。それだけ。

僕の入った会社は労働環境が過酷なものだった。サボらずにやっていたつもりだったけど、やれどもやれども仕事は深夜まで終わらず、終電に乗れれば御の字だった。

徐々に平日と週末の境界線が曖昧になり、気付けば完全に一日休みなのは月に二日ほどになっていた。

仕事中に社長に呼び出されればやけに広い社長室で1～2時間説教をされ、そのまま社長の自慢話や昔話を聞かされることなんか日常茶飯事。

一番堪えたのは数値目標が未達成だったときに行われる社員全員の前での決意表明という儀式だ。まずは全員に目標未達のことを謝罪し、来月は絶対に達成してみせる、やり切ってみせます、自分は脳なしの役立たずで、みなさんの足を引っ張ってしまい申し訳ありません、バカなりにがんばるので来月も一緒に働かせてください、ということを自分の言葉で発表する。その言葉に聞いている全員が「本気さ」を感じるまで終わらない。あれは精神的にずいぶん追い詰められた。

そして、そんな日々は人間から冷静な判断力を奪い、思考を止め、視界を狭める。決意表明が嫌で自腹で数値目標を達成したことは一度や二度じゃないし、いつしか「自分の成績が良くないのは自分の能力が足りないからだ。自腹は当然の報いだ」と思い込むようになっていた。

肌は荒れ、身だしなみは最低限になり、部屋は散らかり、朝起きれば吐き気がして、不眠症にもなった。

毎朝なんとか玄関を出て、うつむきながら会社に行き、働き、役立たずと叱られ、働き、辞めていく人に腹を立て、働き、愛想笑いをして、働き、すみませんと謝り、少し眠る日々。

入社して間もなく一年が経つある日の金曜日。突然「ノー残業デー」というものが通達された。「全員、今日は何が何でも定時で帰るように。定時と同時に社内の電気を消灯します。明日と明後日の休日出勤も禁止とします」本当に突然の通達だった。

一生無縁だと思っていたノー残業デー。労働基準監督署から連絡があったとか、元社員が訴えたらしいですよとか、そんな噂が飛び交ってたけど、本当の理由は分からない。とにかく立派な社畜が定時で街に放り出されてしまったのだ。しかも、週末。金曜の夕方。

僕は、何をすればいいのか分からなかった。当然のように何もかも中途半端なまま放り出してきた大量の仕事。期限が月曜日なのに未着手の仕事もあった。土日にやればいいと着手していなかったのだ。いつものことだ。

僕の頭はそんな仕事のことでいっぱいで、しばらく会社の周辺をウロウロしていたが、会社に入れない以上どうすることもできず、帰るしかなかった。

いつもより人の多い電車に乗る。ビルの隙間から見えた空はまだ明るく、たくさんの人と車が動いていた。自宅の最寄り駅から延びる商店街の店は当然のように開いていて、始まったばかりの週末を楽しもうとする人が作り出す活気であふれていた。僕はこのまま帰るのが急に惜しくなった。かといって一人で飲みに行くような習慣はなく、居酒屋に入るのは気が引ける。

まるで初めて来たかのように周囲を見回しながら商店街を歩き、目に入ったドトールに入る。気軽に入れて、涼しくて、座れる店ならどこでもよかった。

椅子に座り目的もなくスマホを触る。僕のSNSは一年近く更新されていない。

僕は元恋人に連絡をした。四駅隣に住む、去年の夏に別れた恋人。

なぜ彼女に連絡をしたのかは、さっぱり分からない。LINEのトーク履歴を目的もなく上から順に見ていて、目に入った彼女に「なにしてる?」それだけ送った。

連絡しようと思っていたわけでもないし、実際、僕は彼女の名前をスマホの中に見るまでは、意識の中に彼女の気配すらなかったのだ。

友達の紹介で知り合って四年弱付き合った、1歳年上の彼女。付き合っていた期間、僕たちはいつもケンカをしていて、その原因は毎回ささいなことだった。将来のこととか、結婚観とか、そんな大事なことではケンカしたことはないのに、皿の洗い方とか、待ち合わせにはいつも必ず5分遅刻するとか、洗濯マークを守るとか守らないとか、本当にどうでもいいことばかりでケンカした。

二人とも大人だったけど、どちらも頑固な性格で、譲らず、折れず、謝れず、それでもなんだかんだ四年弱関係が続いて、最後は大喧嘩して別れた。

最後のケンカの原因ははっきり覚えていなくて、週末のデートの行き先だった気もするし、もしかしたらエアコンの設定温度のことかもしれない。たぶん彼女も覚えていないと思う。

「仕事終わったから帰るところ」

彼女から返信があり、会いたいという旨と場所を伝えると「OK」とだけ返信が来た。一年ぶりの連絡なのに、なぜ会いたいんだとか、急にどうしたんだとか、何も質問がない。そういえば最後に大喧嘩した原因はLINEの返信が遅いとか、素っ気ないとか、そんなことだったのかもしれない。

「一口も飲んでないじゃん」

到着した彼女は僕の前に置かれたアイスコーヒーを見ると挨拶もせずに笑った。彼女の言う通り、僕の目の前のアイスコーヒーは少しも減っていない。氷は全部溶けてしまい、グラスの中にはかすかにグラデーションができている。

一年ぶりの再会だったけど、彼女は何も変わっていないように感じた。別れたのも夏だったせいだろうか。僕も彼女もそれぞれ季節を二つ、一人で過ごしたはずなのに、そんな気がしない。彼女が着ていた半袖のブラウスも、持っている鞄も見たことがある。スマホのカバーも変わっていない。

「それ、飲まないんだったらお店変えようよ。私は金曜の仕事終わりはコーヒーよりもビールのほうがおいしいと思うんだよね」

彼女は僕のコーヒーを取り上げると立ち上がり、自分のコーヒーと一緒に返却口に出してしまった。一口も減っていないままのコーヒーが二つ並んでいる。

僕たちは店を変え、カウンターに並んでビールを飲んだ。

相変わらず彼女は「そんで、急にどうしたの?」とか「何か用事があったの?」とか、そんな質問はしてこない。聞かれても「気がついたら連絡してた」なんて言えないし、納得してもらえそうな理由は思いつかないから助かった。

全然変わってないとか、一年じゃそんなに変わんないかとか、実は転職して仕事が前よりも忙しいとか、最近見た映画の話とか、そういえばまだ部屋にあなたの物が残ってるよとか、そんな話をした。

楽しい時間だった。誰かと話をすることも楽しかったし、その相手が気を張らなくても許される相手ということも居心地がよかった。

二人のケンカがいかにくだらないことが原因だったのかで笑い、僕も彼女も冗談を言い合い、気がつけばすっかり遅くなってしまった。

「急に連絡してごめん。でも来てくれてうれしかった。元気そうでよかった」

駅の改札まで一緒に歩く。

「金曜の夕方にさ、元カノに今から来いよっていう連絡、本来なら無視されるやつだからね」

こちらこそありがとうとか、私こそ会えてうれしかったとか、彼女はそんな建前は言わない。

僕は、本当は、「ありがとう、急に連絡したのに何も言わずに付き合ってくれてありがとう、今日、部屋で時間を持て余すのが怖かったんだ、来てくれて本当に感謝している」そう言いたかった。現状を、本音を、全部洗いざらい、彼女に聞いてほしかった。

終電までまだ少し時間があるからか、駅前は人気が少ない。僕にとってはいつもの見慣れた光景だった。

「ねえ、会社、辞めれば？」

改札を背にして、僕を真っすぐ見る彼女。

「あなたはコーヒーが好きじゃない」

彼女は手を伸ばし、僕の手首をつかむ。眉が下がった、困ったような、あまり見たことがない顔の彼女。

「コーヒー苦手なあなたが、コーヒーを頼んで、一口も飲まず、背中を丸めて座っている。髪は伸びて、ワイシャツもスーツも皺だらけ。そんなの、ただ事じゃないよ。私にとって一大事だよ。覚えている？　最後のケンカの理由。私のシャツが皺だらけなのを見て、俺たちはいい歳なんだから、お互いもう少し身だしなみには気を使うべきだって注意したの。アイロンが苦手ならクリーニングに出せよ、洗濯とアイロンの手間を考えたら安いもんだとか、放っておいてとか、そんなケンカ。今のあなたは、別人だよ。仕事がしんどいんでしょ。辞めてよ、仕事。このままだと、あなたがダメになっちゃうよ。あなたはそこにいるべきじゃない。もう充分、がんばったよ。分かるよ。私はあなたのそばにいられなかったけど、分かるんだよ。もし、あなたが変わってしまった原因が仕事なら、お願いだから、辞めてください」

僕は声にならない声を抑えられず、それは嗚咽となって漏れ、上を向いたくらいじゃ追いつかないくらい、涙はあふれてしまって、そんな状態では彼女の顔なんか見れなくて、彼女はそんな僕の顔を見ないように、つかんだ腕を強く引き寄せ、抱きしめてくれた。

「私は、エアコンの設定温度とか、シャツをクリーニングに出せとか、そんなどうしようもないことであなたとケンカしながら、一緒にいたいよ。仕事なんか辞めても大丈夫。何も心配しなくてもいいよ。だって、私にはあなたがいて、あなたには私がいる。そして私たちは、お互いのことが大好き。だから、大丈夫だよ」

僕はただ、頷く。精一杯。

僕もサラリーマン時代、過労とストレスで左耳の聴力が3割に落ちるまで働いたことがあるのですが、渦中にいるときって、雑念を吹き飛ばすようにスピードを上げた方が何も考えずに済むから楽なんですよね。結果、ガソリンが無くなるか、どこか壊れるまで走り続けてしまう。

そんな人に必要なのは、いつも状況を近くで見て、心配してくれたり、時には足かせをつけてでも止めてくれたり「大丈夫だよ、心配しなくてもいいよ」って言ってくれる人です。

大切な人から言われる「大丈夫だよ」には力が宿るのです。

Ui's comment

「大丈夫だよ」という言葉の持つ力

「あなたは大丈夫。なぜなら私がいるからです」

決して気安く言える言葉ではありません。その背景には責任とか、信頼とか、愛があるからです。だからこそ「なぜ大丈夫なのか」を説明する必要なんかないんです。

生きていると常に色んなものを抱えてしまいます。時にはその重みで心身を痛めてしまうくらい。そんなときに**大切な人から言われる、たった一言の「大丈夫だよ」は時には「愛している」という言葉よりも愛がこもった言葉になる**のです。そんな言葉で僕たちは救われたり、過去を許せたり、未来に希望を持てたりするのです。

東京タワーが見える部屋

「ただいま」

当然、誰からも返事はない。革靴を脱ぎ、きれいに揃える。部屋の電気を点け、ジャケットを脱ぎ、ていねいにハンガーにかける。ネクタイを外しながらカーテンを開ける。毎晩、ほぼ無意識で行っているルーティーンだ。

芝公園駅から歩いてすぐの高層マンション。高い天井のギリギリまで設けられた大きな窓からは、手を伸ばせば届きそうな距離に東京の象徴が見える。

スカイツリーもできたが、僕にとって東京の象徴といえばこの東京タワーだ。毎日こんな近くで東京タワーを見ている人は多くないと思う。本当に、まぶしいくらい近い。

ほしいものは努力して何でも手にしてきた。学生時代は生徒会長を務め、リレーではアンカーを走った。受験戦争に打ち勝ち、一流の大学に入り、就職活動も長引く氷河期の中、連戦連勝だった。誰もが知っているような企業に就職し、エリートが集まる社内でも誰にも負けなかった。ＭＢＡの資格を取り、最年少管理職にもなった。

平均の数倍の年収、待遇、地位を手に入れた。接待、根回し、社内営業でも隙を見せることなく立ち回り、女性関係に溺れることもなかった。僕は、どんな集団に入れられてもこうやって常に結果を出してトップを走ってきたのだ。

自分で言うのは憚られるが見た目も悪くない。運よく身長も１８０センチ以上あり、体型維持のための筋トレやランニングも欠かさずやっている。

でも、僕は独りだ。それなりに恋愛もしてきたけど、30代も折り返した僕は、ずっと独りぼっちだった。

「世の中でいちばん悲しい景色は雨に濡れた東京タワーだ」

好きな小説の一節。本当にその通りだと思う。僕は、東京の象徴である赤と白のタワーがずぶ濡れになりながら黙って立っている様子を見ると、ひどく悲しい気持ちになる。

大好きな人がいる。大学生時代に付き合っていた同級生の彼女。一目惚れだった。

彼女は大学内でも評判の美人で、ライバルも多かった。今考えたら少し滑稽な愛情表現もしたかもしれないけど、それくらい必死になってアプローチして、やっとの思いで付き合えた子だった。

決して若気の至りではなく、僕は卒業したら彼女と結婚をするつもりでいた。少しおかしなことを言うけど、その気持ちは今でも変わらない。それなのに、別れを切り出したのは僕だった。

就職活動中、僕たちは絶対に失敗するわけにはいかない闘いに必死になっていた。徐々にすれ違い、会う時間が減り、互いの考えの違いを容認できなくなってしまい、会っても口論ばかりしていた。

本気で別れようなんて思っていなかったけど、口論中にすべり出る言葉はどんどん本心から乖離していき、そのことに気付きながらも止めることができなかった。

彼女から何度も何度もやり直そうと言われたけど、僕は目の前の就職活動の戦場の中、余裕が無かった——と言えば聞こえがいいが、実際には彼女を受け入れ、自分も謝り、関係を修復できるほどの器を持ち合わせていなかったのだ。

社会人になり、彼女とは顔を合わせることも無くなり、僕は山積みの仕事に追われたり、何人かの女性と恋愛もしたけど、ずっと心の中には彼女がいた。

どんなに時間が経っても、彼女の存在は色あせる気配さえないのだ。

そのことを受け止め、自分の中で折り合いをつけるまで六年もかかってしまった。

どんな連絡をしたのか覚えていないが、もしかしたら大学生の頃みたいに滑稽な連絡をしたのかもしれない。とにかく僕は思い切って六年ぶりに彼女と約束を取り付けた。もちろんやり直すためだ。

時間はかかったけど、その分僕も大人になったし、あのときのことを謝って、また二人で共に生きられるという自信もあった。

この六年はそのために必要な時間だったんだ。

東京タワーの見えるレストラン。学生の頃は連れてこられなかった大人のお店。

久しぶりに会う彼女は六年間でさらに美しくなっていた。

「今ね、付き合っている人がいるの」

復縁を迫る僕に彼女は申し訳なさそうに言った。冷静に考えてみれば当然のことだ。こんないい女性を周囲の男が放っておくはずがない。

僕は動じないふりをして、六年間の空白を埋めるように学生時代のこと、仕事のことを話し、同じくらい彼女からも話を聞いた。

「今日、会えてよかった。本当によかった。私、あなたと会うのが怖かったんだよね。自分がどうなっちゃうんだろうって。あの時の私は、あなた無しの人生なんて考えられなかったから。でも今、あなたと会っても、私は普通でいられる」

芝公園駅の改札で彼女は僕にそう伝えると改札を抜けた。一度だけ振り向き、小さく手を振る。

これで完全に関係は終わったと思った。彼女の背中を見送りながら、そのときは本当にそう思った。しかし、僕と彼女の物語はそれで終わりではなかった。その年の十月、彼女から「東京タワーが見えるレストランで食事をしませんか」と連絡が来たのだ。

僕は喜んで承諾し、彼女と会い、食事をした。彼女には変わらず恋人がいて、僕は芝公園駅で彼女を見送った。

それから僕たちは毎年十月の中旬に食事をした。共に十月が誕生日の僕と彼女。場所は毎年同じ東京タワーが見えるレストラン。

「毎年十月に会おうね」とかそんな約束をしたわけじゃないけど、毎年十月に会って、一年間のできごとを報告し合い、冗談を言い合って笑い、芝公園駅の改札で僕が見送る。そんな不思議な関係が四年も続いた。その間、彼女には相変わらず恋人がいて、僕も恋愛のようなものを繰り返していた。

五年目の十月。確か台風が近づいていて、東京は朝から大雨だった。彼女は僕に恋人からプロポーズされたことを告げ、僕たちの十月の食事会はそれが最後となった。

「彼からプロポーズされたんだよね。東京タワーで」

彼女は雨でずぶ濡れになった東京タワーを見ながら言った。彼女の横顔は、うれしそうにも、悲しそうにも、僕には見えた。

あの日、彼女は改札で振り返らなかった。たとえばあの時、改札の向こうの彼女に何か言えていたら、名前を呼んでいたら、なりふり構わず彼氏から奪うような情熱を見せることができていたら、何かが変わっていたのだろうか。

僕は、いつも彼女の表情を知りたかった。改札を抜け、僕の方へ振り返った時の笑顔ではなく、その後の、僕が見えなくなった後の、絶対に見ることができない表情を。

若い頃に必死になった恋愛は、いつまでも色あせない

Ui's comment

きっと彼女と同じくらいステキな女性とも出会っているし、付き合ってもいると思うんです。でも、若かったときに苦労して口説いて、やっとの思いで付き合うことができた恋人ってものすごく美化されるし、別れてもずっと忘れられない存在になりますよね。

多くの人にとって初恋が美しい思い出として語られるのもきっと美化されているからなんですよね。

そういった意味では大人になり、後先考えずに恋愛ができなくなってしまった今、彼女以上の女性は現れないでしょう。でも、そんなこと分かってますよね。大人ですから。誰にも見つからない心の奥底に飾って、**これからも思い出してはあのときの自らの行いを悔いたりもするけど、それすらも糧にしてしまう**んですよね。なんせ、大人なので。

それにしても彼女、なぜ最後は振り返らなかったんでしょうね。泣いてたんじゃないですかね。考えすぎですかね。でも、なぜ恋人がいながら彼女は毎年会い続けたんでしょうね。友達としてなのか、もしかしたら、何かしらの期待を抱いていたのか。

僕は、どうしても後者を期待せずにはいられません。ロマンチストな大人なので。

忘れようとは思いませんが

次の誕生日が来ると40歳になります。仕事は順調で、苦労も多いですが、それなりの役職にも就けました。友達はほとんど結婚してしまいましたが、僕は独身です。一所懸命仕事をしていたら、あっという間にこの歳でした。

周囲からは独身貴族だの理想が高いだの冗談半分でからかわれますが、将来、そんなに遠くない未来に結婚したいと思っている恋人がいます。付き合って二年半。一回り以上年下の女性です。

一回り下と言っても、彼女も27歳。あまりプレッシャーは感じませんが、付き合うタイミングで「あなたが今後の人生において結婚をプランに入れてないのであれば付き合いたくありません。そうじゃなければ付き合いましょう」と言われたことはあるので、意識していないことはないと思います。

もう十年近く昔の話ですが、結婚の約束をしていた恋人を東日本大震災で亡くしました。と言っても正式なプロポーズをしたわけではありません。口約束です。

それでも僕たちは東京のマンションで半同棲をして、近くに住む僕の両親には紹介が済んでいて、彼女の両親にも春には同棲の許可をいただきに伺う約束をしていました。

あの年の三月、彼女は実家のある東北にいました。フリーランスの経理として仕事をしていて、毎年二月末くらいから、帰省を兼ねて家業の決算の手伝いをしに東北に滞在するのが恒例だったのです。

日本中に流れた、全てを根こそぎ奪っていく絶望的な映像。一万五千人を超える死者。死亡者リストの中に見つけた彼女の名前。

「あなたの話は娘から聞いていたけど、結婚していたわけじゃないんだから、どうか何も背負わずに生きてください。できれば、もうここには来ないほうがいいでしょう」

ボロボロの街で、初めて会った彼女の両親から言われた言葉です。

あれからもうすぐ十年です。十年も経ったのです。とっくの昔に悲しみは癒えました。いつまでも不幸に酔って生きていこうとは思いません。僕には僕の人生がありますから。

僕は、亡くした彼女のことを忘れようとも、忘れたいとも、忘れられるとも思っていません。同じ名前の女性を見れば思い出し、毎年三月が来れば思いを馳せ、一緒に聞いていた、彼女が大好きだった曲は十年経つのに聴くことができません。

この前、深夜の歌番組でその歌が流れたのが耳に入ってしまい、不意に胸がギュッと締め付けられ、少し泣いてしまいました。

でも、辛くはありません。ちょっと寂しいけど、辛くはないのです。そうやって、これからも生きていくのです。

僕だけじゃなくて、僕たちは全員、忘れられない思い出を誰にも見つからないように大事に抱え、「これでいいのだ、これしかないのだ」と何度も言い聞かせ、平気な顔して生きるのです。

Ui's comment

忘れることは薄情なことではなくて

大切なのは忘れることを許してあげることですよね。**忘れることは決して薄情ではないのです。忘れることにＯＫを出すことができる、それは強さなのです。**

そして、そんなすばらしい「忘れる」という機能を使っても完全に忘れられない思い出は、誰にも見つからないところに隠しておいて、たまに引っ張り出しては眺めて、匂いを嗅いで、味わって、抱きしめて、少しだけ泣いて、満足したらまた大事にしまい込んでいいんです。そんな秘め事が僕たちの魅力なり、糧にだってなるんです。

死別に限らず、生きていると本当にたくさんのお別れがあって、大切な人とのお別れであればあるほど心に深い傷がついてしまいます。

寝ても覚めてもしんどくて、痛みとか、喪失感とか、悔しさとか、情けなさとか、そんな感情に襲われ、自分の中にあったその人の存在の大きさに押しつぶされそうになります。それでも人間の「忘れる」という機能は本当にすばらしくて、時間はかかるかもしれないけど、僕たちは色々なものをゆっくり忘れることができるのです。だから新しい恋愛ができたり、お酒を飲んでゲラゲラ笑ったり、アホな顔してグッスリ眠れるのです。

あとがき

むきだしの、愛

ずいぶん前のことですが、深夜にラジオから「この人、大人だなぁと感じるのはどんなときですか?」という話が流れてきました。頭をひねって答えを考えたのですが「節税や投資に詳しい」「定期的に生命保険の見直しをしている」「駆け込み乗車をしない」「柵とかを飛び越えない」など金銭的なものか体力的なものばかりしか出てきません。結局、ピンとくる答えを出せないまま過ごしていたのですが、この本の制作中に答えを見つけることができました。

「笑えないエピソードを、笑って話せる人」

これが僕の考える「大人の条件」です。

今回、この本を出版するにあたり、百人以上の方からお話を聞かせていただきました。失恋、浮気、不倫、離婚。みなさん、そんな修羅場の渦中にいるときは、色々な苦悩や葛藤があったと思うんです。それでも何かしらの決断をして、ちゃんと乗り越えている。悲しみも苦しみも悔しさも、全部自分の中で消化できている。その証拠に、ほとんどの方が「大した話じゃないですけど」というエクスキューズを添えて、笑いながら僕に話すのです。僕はその笑顔を見て「すごいな、大人だな」と感じました。

僕たちは大人になって、色々な物事に対して慎重になってしまいました。傷つかないよう、恥をかかないように、踏み込まず、急かさず、焦らず、クールに。それが大人の立ち振る舞いだし、そうでもしないとやっていけないのが僕たちの世界。でも、やっぱりそれじゃだめなときがあるみたいです。

僕たちに必要なものは「むきだしの愛」です。

「愛」ってなんか難しくて、大それたことを言うようで恥ずかしい気持ちもあります。でも、笑えない出来事を笑って話せるような、そんな魅力的な大人になるために必要なのは、スマートな立ち振る舞いじゃなくて、むきだしの愛なんです。むき出しにするとは、大声でわめき散らすことじゃなくて、自分と相手の本心と向き合うこと。いつもは飲み込んでしまっている自分の本音を、ダサくてもいいから自分の言葉で伝えること。みっともなくてもいいから、相手の本音を逃げずに受け止め、傷ついたり、怒ったり、泣いたりすること。歓喜したり、感謝すること。そうしないと乗り越えられない局面が、口説けない人が、伝わらない気持ちがあるのではないでしょうか。

たくさんのことをガマンしたり、不当な扱いに耐えたり、自分を責めたり、潔く身を引くのも大人ですけど、やっぱりそれだけじゃ楽しくない。

ダサくてもいいんです。どうせ台本も、カメラもないんですから。

楽しみましょう。エンドロールのその後に、何度だって始まる物語の中で。全然スマートじゃない、むきだしの愛を。

本書は著者であるウイが朝日新聞A－portで運営するオンラインサロン「喫茶クリームソーダ」内で寄せられた実話を基に書かれた物語です。本書作成にあたり大切な宝物を見せてくれた方、ありがとうございました。ページ数の兼ね合い等で掲載できなかった物語が僕の手元にたくさんあります。これはまた別の機会に、どこかで。

読了ありがとうございました。

ウイケンタ

［著者］
ウイ
本名：ウイケンタ
1982年7月23日、山形県生まれ。38歳独身。
ライター、コラムニスト。東京、名古屋、鎌倉の三拠点暮らし。
月間PV100万オーバーの恋愛指南ブログ「ハッピーエンドを前提として」運営者。
朝日新聞A-portにてオンラインサロン「喫茶 クリームソーダ」を運営している。
その他、ウェブメディアにてコラム連載や書評や対談など実績多数。
著書に『ハッピーエンドを前提として』(KADOKAWA)がある。
カレーとアウトドアとレモンサワーと犬が好き。
Twitter & Instagram　@ui0723
Blog　https://www.zentei-happy-end.com/

エンドロールのその後《あと》に
さえない僕《ぼく》らの恋愛《れんあい》に 幸《しあ》せな結末《けつまつ》を

2020年9月1日　第1刷発行

著　者　　ウイ
発行者　　佐藤　靖
発行所　　大和《だいわ》書房
東京都文京区関口1-33-4
電話　03-3203-4511

カバーデザイン　西垂水敦（krran）
本文デザイン　荒井雅美（トモエキコウ）
写真　歩雪のわ
本文印刷所　厚徳社
カバー印刷　歩プロセス
製本　小泉製本

ISBN978-4-479-77225-5

http://www.daiwashobo.co.jp